예, 주님!
제가 순종의 전문가입니다!

일러두기

본문의 성경 구절은 대한성서공회의 개역개정판을 따라 표기했습니다.

예, 주님!
제가 순종의 전문가입니다!

"주께서 그러하심과 같이 우리도 이 세상에서 그러하니라"

요한일서 4장 17절

이선세 지음

토브원형출판사

| 펴내는 글 |

우리는 내게 부족한 무언가가 채워지면 삶이 만족스러울 것이라고 생각합니다. 그러나 우리는 하나님의 형상을 따라 창조되었기 때문에 세상으로는 만족할 수 없고 오직 주님으로만 만족할 수 있습니다. 하나님도 나를 만족시키지 못하는데 어떻게 돈이, 부부가, 자녀가, 세상에서의 성취가 나를 만족시킬 수 있겠습니까?

다윗은 왕권의 기반이 흔들리는 상황에서 오직 하나님께만 구원이 있다고 고백합니다. 내 영혼이 잠잠히 하나님만 바라볼 때 이 고백이 나올 수 있습니다. 잠잠하지 않으면 내면 깊숙한 곳에 있는 욕구를 볼 수 없습니다. 자신을 주님 앞에서 비추어 보기가 어렵습니다.

그러니 내 마음의 향방이 주님을 향해 있어야 합니다. 다른 것들은 다 양보한다 해도 이 마음만은 주님을 향해 있어야 합니다. 내 삶의 기반이 흔들리는 문제와 상황보다 주님을 바라보는 상황이 더 실제 된 현실이어야 합니다. 문제가 있을 때 그 문제로 내 마음을 채우는 것이 아니라, 주님으로 채우는 믿음의 실제가, 삶에서 믿음의 실력으로 드러나야 합니다.

평소에 마음을 주님께 펼쳐 보이는 시간이 필요합니다. 그리고 미혹을 경계해야 합니다. 어느 날 하나님이 내 죄, 욕구, 야망에 관해 말씀하시는데 그것을 거부하는 것, 그것이 미혹입니다. 마음을 어디에 두려 하고, 무엇을 채우려 하고, 어떤 것들을 욕구하고 있는지 겸손하게 살피고 십자가에서 돌이켜 주님으로 채워 놓아야 합니다.

책을 출간하며 두려움과 떨림이 있습니다.
날마다 연약함을 드러내는 괴롭힘이 있기에 그렇습니다. 그러나, 날마다 죽노라 고백했던 바울 사도의 고백 또한 실제이기에 날마다 전부이신 주님과 십자가에서 연합하여 하나님의 통치 방식이 오직 길임을 아는 순종의 전문가, 온 마음이 오직 주님을 향하는 소원을 품습니다.

이 책을 통해 여러 개의 소원 중 하나가 아닌 삶에서 단 하나의 소원, 순종의 전문가! 머리이신 그리스도의 몸임을 확인하는 은혜가 일어나기를 주님께 의탁합니다!

끝으로 이 책이 나오기까지 수고를 아끼지 않으신 김동민, 이현정, 이선영, 장내경 집사에게 감사를 드립니다. 그리고, 한결같은 신뢰로 위로와 사랑을 보내 준 내 살 중에 살이며 뼈 중에 뼈인 사랑하는 아내에게 이 책을 드립니다.

주님은 내 인생의 전부이십니다!

2019년 여름 고봉산 자락, 예수님과 함께 머무는 방에서
용서함 받은 죄인 이선세

차례

펴내는 글   5

| 봄의 장 |

소유한 믿음은 써야 한다   11

    1. 진리가 나를 자유롭게 하는가? (말씀 vs 거짓말)   13
    2. 십자가의 원수는 십자가에서 확인된다   27
    3. 내 사랑 예수님께 내 마음이 가 있어요!   41
    4. 믿음의 현실은 하나님이다   53
    5. 마음에 품은 것은 결과를 낳는다   65

| 여름의 장 |

믿음의 실력은 삶에서 나타난다   77

    6. 예수 믿는데, 변하지 않을 수 있다?   79
    7. 예수 믿는데, 여전히 두려워한다?   91
    8. 예수 믿는데, 중심의 변화가 없다?   105
    9. 예수 믿는데, 남은 삶을 맡길 수 없다?   115
    10. 예수 믿는데, 하나님의 마음을 모른다?   129

| 가을의 장 |

믿음의 실력과 기도는 비례한다   141

11. 기도하라!   143
12. 하나님을 부르짖으라!   155
13. 기도가 말씀 따라 살게 한다   167
14. 어떤 사실에 마음을 두는가   183
15. 무엇을 앙모하는가!   193
16. 그러므로 이렇게 기도하라!   203

| 겨울의 장 |

순종의 전문가, 새사람이 결국 이긴다   213

17. 거듭남   215
18. 위의 것을 찾으라!   227
19. 하나님의 뜻대로   239
20. 하나님을 사랑하는 자   249

| 봄의 장 |

소유한 믿음은 써야 한다

1. 진리가 나를 자유롭게 하는가? (말씀 vs 거짓말) 요한복음 8:31-44
2. 십자가의 원수는 십자가에서 확인된다 빌립보서 3:17-21
3. 내 사랑 예수님께 내 마음이 가 있어요! 히브리서 3:1-14
4. 믿음의 현실은 하나님이다 시편 23:1-6
5. 마음에 품은 것은 결과를 낳는다 로마서 8:1-11

요한복음 8:31-44

31 그러므로 예수께서 자기를 믿은 유대인들에게 이르시되 너희가 내 말에 거하면 참으로 내 제자가 되고
32 진리를 알지니 진리가 너희를 자유롭게 하리라
33 그들이 대답하되 우리가 아브라함의 자손이라 남의 종이 된 적이 없거늘 어찌하여 우리가 자유롭게 되리라 하느냐
34 예수께서 대답하시되 진실로 진실로 너희에게 이르노니 죄를 범하는 자마다 죄의 종이라
35 종은 영원히 집에 거하지 못하되 아들은 영원히 거하나니
36 그러므로 아들이 너희를 자유롭게 하면 너희가 참으로 자유로우리라
37 나도 너희가 아브라함의 자손인 줄 아노라 그러나 내 말이 너희 안에 있을 곳이 없으므로 나를 죽이려 하는도다
38 나는 내 아버지에게서 본 것을 말하고 너희는 너희 아비에게서 들은 것을 행하느니라
39 대답하여 이르되 우리 아버지는 아브라함이라 하니 예수께서 이르시되 너희가 아브라함의 자손이면 아브라함이 행한 일들을 할 것이거늘
40 지금 하나님께 들은 진리를 너희에게 말한 사람인 나를 죽이려 하는도다 아브라함은 이렇게 하지 아니하였느니라
41 너희는 너희 아비가 행한 일들을 하는도다 대답하되 우리가 음란한 데서 나지 아니하였고 아버지는 한 분뿐이시니 곧 하나님이시로다
42 예수께서 이르시되 하나님이 너희 아버지였으면 너희가 나를 사랑하였으리니 이는 내가 하나님께로부터 나와서 왔음이라 나는 스스로 온 것이 아니요 아버지께서 나를 보내신 것이니라
43 어찌하여 내 말을 깨닫지 못하느냐 이는 내 말을 들을 줄 알지 못함이로다
44 너희는 너희 아비 마귀에게서 났으니 너희 아비의 욕심대로 너희도 행하고자 하느니라 그는 처음부터 살인한 자요 진리가 그 속에 없으므로 진리에 서지 못하고 거짓을 말할 때마다 제 것으로 말하나니 이는 그가 거짓말쟁이요 거짓의 아비가 되었음이라

1. 진리가 나를 자유롭게 하는가?
(말씀 vs 거짓말)

그러므로 예수께서 자기를 믿은 유대인들에게 이르시되 너희가 내 말에 거하면 참으로 내 제자가 되고 진리를 알지니 진리가 너희를 자유롭게 하리라 (요한복음 8:31-32)

'진리가 무엇으로부터 자유롭게 하는가!' 예수님을 만나면 자유롭게 된다고 하는데, 여러분은 무엇으로부터 자유롭게 되셨습니까? 예수님이 우리의 주인이요, 하나님의 아들이요, 우리의 구주라고 고백하면서도 진리로 어떤 자유가 임했는지 진술할 수 없다면, 그 믿음은 의심해봐야 합니다. 실제 어떤 자유가 있는지 이야기할 수 없다면 가짜 믿음입니다.

> 42 예수께서 이르시되 하나님이 너희 아버지였으면 너희가 나를 사랑하였으리니 이는 내가 하나님께로부터 나와서 왔음이라 나는 스스로 온 것이 아니요 아버지께서 나를 보내신 것이니라 43 어찌하여 내 말을 깨닫지 못하느냐 이는 내 말을 들을 줄 알지 못함이로다 44 너희는 너희 아비 마귀에게서 났으니 너희 아비의 욕심대로 너희도 행하고자 하느니라 그는 처음부터 살인한 자요 진리가 그 속에 없으므로 진리에 서지 못하고 거짓을 말할 때마다 제 것으로 말하나니 이는 그가 거짓말쟁이요 거짓의 아비가 되었음이라
>
> (요한복음 8:42-44)

부전자전, 그 아버지에 그 아들이라는 이야기입니다. 하나님을 아버지로 둔 사람과 사탄을 아비로 둔 사람이 있습니다. 닮은 유전자가 있다는 말입니다. 우리 교회에도 아버지를 꼭 닮은 아들딸들이 많습니다. 자식은 외모뿐만 아니라 성향도 닮습니다. 영적인 것도 닮습니다. 거짓의 아비는 사탄입니다. 살살 거짓말하는 여러분, 거짓말을 심각하게 받아들여야 합니다.

하나님을 아버지로 둔 사람은 하나님으로부터 비롯된 것을 말합니다. 내 임의대로, 내 주관대로, 내 생각대로, 내가 원하는 대로 말하지 않습니다. 그러나 마귀의 자녀는 마귀로부터 들은 것을 말하고 행합니다.

> 나는 내 아버지에게서 본 것을 말하고 너희는 너희 아비에게서 들은 것을 행하느니라 (요한복음 8:38)

예수님을 믿으면 예수님의 말씀 안에 있게 됩니다. 내 마음에 예수님의 말씀이 있기 때문에 그 말씀이 나를 이끌어 갑니다. 내가 방향을 설정하는 것이 아니라 주님의 말씀이 내 방향을 설정해 갑니다. 마음대로 사는 여러분을 심각하게 하는 말씀일 것입니다.

또 예수님을 믿으면 진리를 안다고 하십니다. '안다'는 말은 헬라어로 '기노스코' 히브리어로는 '야다'입니다. 곧 관계적으로, 친밀하게 아는 것입니다. 진리를 알면 자유함을 알게 됩니다. 설교 강단에서 내려가 여러분에게 정말 묻고 싶습니다. "집사님, 예수님을 믿고 어떤 자유를 누리고 계십니까?" 진짜 예수님이 나의 주인이 되어 주님 말씀이 내 안에 거하게 되면, 우와~ 이것이 자유구나, 하는 것이 명명백백하게 보입니다.

> 너희는 너희 아비 마귀에게서 났으니 너희 아비의 욕심대로 너희도 행하고자 하느니라 그는 처음부터 살인한 자요 진리가 그 속에 없으므로 진리에 서지 못하고 거짓을 말할 때마다 제 것으로 말하나니 이는 그가 거짓말쟁이요 거짓의 아비가 되었음이라 (요한복음 8:44)

하나님의 자녀는 말씀에 거하고, 진리를 관계적으로 알기 때문에 진리로 자유함을 경험합니다. 그러나 마귀의 자식은 진리에 거하지 못하기 때문에 아비의 욕심대로 행합니다. 마귀의 자식 마음에는 진리인 말씀이 있을 수 없습니다. 여러분에게 제일 중요한 것이 무엇이냐고 물으면, 대부분 자식이나 돈을 이야기할 것입니다. 그러나 그것은 우상입니다. 사탄의 자식은 거짓을 자기 것으로 말합니다. 여러분의 가장 악독한 죄, 가장 해결하기 어려운 죄는 거짓말이라고 해도 과언이 아닙니다. 거짓말에 대해 정말 심각하게 생각하셔야 합니다. 사탄의 자식 마음에는 진리가 없기에 거짓이 쉽게 나옵니다.

에덴동산에서 인류가 타락했습니다. 에덴은 '기쁨'이라는 뜻입니다. 하나님과 교제가 있었기에 에덴에는 기쁨이 있었습니다. 그 에덴에서 일어난 인류 최초의 죄는 속은 것입니다. 죄도 모르는 아담과 하와가 사탄의 거짓말에 속아서 죄를 지었기에 우리에게도 그 사탄의 속성, 거짓말의 속성이 깊이 뿌리내려 있습니다. 거짓말을 쉽게 생각하시면 절대 안 됩니다.

세상을 창조하신 하나님께서 창세기 2장에서 우리에게 무한한 축복을 주셨습니다. 그런데 한 가지 조건을 말씀하셨습니다.

> 16 여호와 하나님이 그 사람에게 명하여 이르시되 동산 각종 나무의 열매는 네가 임의로 먹되 17 선악을 알게 하는 나무의 열매는 먹지 말라 네가 먹는 날에는 반드시 죽으리라 하시니라 (창세기 2:16,17)

그런데 창세기 3장에서 사탄은 이 하나님의 말씀을 바꾸어 버립니다.

> 1 그런데 뱀은 여호와 하나님이 지으신 들짐승 중에 가장 간교하니라 뱀이 여자에게 물어 이르되 하나님이 참으로 너희에게 동산 모든 나무의 열매를 먹지 말라 하시더냐 2 여자가 뱀에게 말하되 동산 나무의 열매를 우리가 먹을 수 있으나 3 동산 중앙에 있는 나무의 열매는 하나님의 말씀에 너희는 먹지도 말고 만지지도 말라 너희가 죽을까 하노라 하셨느니라 4 뱀이 여자에게 이르되 너희가 결코 죽지 아니하리라 5 너희가 그것을 먹는 날에는 너희 눈이 밝아져 하나님과 같이 되어 선악을 알 줄 하나님이 아심이니라 6 여자가 그 나무를 본즉 먹음직도 하고 보암직도 하고 지혜롭게 할 만큼 탐스럽기도 한 나무인지라 여자가 그 열매를 따먹고 자기와 함께 있는 남편에게도 주매 그도 먹은지라 (창세기 3:1-6)

'반드시 죽으리라' 하신 하나님의 말씀을 하와는 '죽을까 하노라'로 바꾸어 놓습니다. 하나님의 말씀을 비틀거나 변형시키면 안 됩니다. 듣고 싶은 것만 듣지 말고 하나님께서 들려주시고자 하는 것을 그대로 들어야 합니다. 사람의 욕심과 욕구를 강화하는 설교도 분별하셔야 합니다. 하와가 '죽을까 하노라' 하고 말씀을 살짝 비트니, 사탄은 그 틈을 바로 비집고 들어와, '결코 죽지 아니하리라' 하고 속입니다.

'선악과를 먹으면 정녕 죽으리라' 하신 하나님의 말씀이 있었습니다. 사탄은 '결코 죽지 아니하리라'고 바꿔버렸습니다. 하와에게는 '죽을까 하노라' 하고 변형된 마음이 있었는데 욕구 때문이었습니다. 그 결과 하와는 하나님의 말씀이 아니라 사탄의 말을 선택했습니다. 하나님의 말씀이 참인지 아닌지와 무관하게, 또 사탄의 말이 거짓인지와 무관하게, 자신의 욕구를 따라 선악과를 따먹기로 선택했습니다. 우리의 욕구와 딱 맞게 사탄이 이야기해줄 때, 우리는 그 욕구를 얼른 따라갑니다. 그런 우리를 봐야 합니다. "아들이 큰 인물 되고, 딸이 좋은 대학 간다고 하나님이 이야기하셨어." 우리 욕구를 자극하는 이런 가짜 믿음의 언어를 분별하셔야 합니다.

사탄을 선택한 아담과 하와가 넘어지는데, 넘어질 때 어떤 현상이 일어나는지 보겠습니다.

7 이에 그들의 눈이 밝아져 자기들이 벗은 줄을 알고 무화과나무 잎을 엮어 치마로 삼았더라 8 그들이 그 날 바람이 불 때 동산에 거니시는 여호와 하나님의 소리를 듣고 아담과 그의 아내가 여호와 하나님의 낯을 피하여 동산 나무 사이에 숨은지라 9 여호와 하나님이 아담을 부르시며 그에게 이르시되 네가 어디 있느냐 10 이르되 내가 동산에서 하나님의 소리를 듣고 내가 벗었으므로 두려워하여 숨었나이다 11 이르시되 누가 너의 벗었음을 네게 알렸느냐 내가 네게 먹지 말라 명한 그 나무 열매를 네가 먹었느냐 12 아담이 이르되 하나님이 주셔서 나와 함께 있게 하신 여자 그가 그 나무 열매를 내게

주므로 내가 먹었나이다 13 여호와 하나님이 여자에게 이르시되 네가 어찌하여 이렇게 하였느냐 여자가 이르되 뱀이 나를 꾀므로 내가 먹었나이다 (창세기 3:7-13)

선악과를 먹은 뒤에도 하나님의 임재가 있었습니다. 그런데 아담과 하와는 하나님의 낯을 피합니다. 하나님의 임재가 있음에도 그 임재를 피하려고 하는 것이 바로 죄의 속성입니다. 죄를 지으면 하나님의 임재를 피합니다.

아담과 하와는 자신의 욕구대로, 사탄의 거짓말을 따라갔고, 실제 선악과를 따먹어서 눈이 밝아졌습니다. 그런데 선악과를 먹고 나서 보니까 하나님처럼 보는 것이 아니었습니다. 벌거벗은 자신을 보게 됩니다. 죄는 자신을 보게 합니다. 하나님께서 하나님의 낯을 피한 아담과 하와에게 어디에 있느냐고 물으십니다. 어디에 있는지 몰라서 묻는 말씀이 아니라 잘못한 것을 말씀하시는 것입니다. 그러나 이들은 자신들이 하나님의 말씀을 어겼다고, 그래서 잘못했다고 회개하지 않습니다. 오히려 벗은 모습을 보게 되고, 두려워하여 숨습니다. 자기를 주목하게 되니까 스스로 자신을 간수하고 책임져야 합니다. 죄의 특징입니다. 죄인은 자기의 안전을 스스로 책임져야 합니다.

또 자기 자신이 아니라, 외부에서 원인을 찾습니다. 하나님의 임재가 있음에도 회개하지 않고, 오히려 자기를 변호하려고 하고, 결국 남 탓을 합니다. 아담은 창세기 3장 12절에서, 하와와 하나님 탓을 하고 있습니다. 자신은 잘못이 없다고 말하고 있습니다. 여자는 또 뱀 때문이라고 뱀을 탓하고 있습니다. *거짓말을 선택하고, 거짓말을 통해 타락한 인생은 끝없이 스스로를 변호하려고 합니다.* 그렇게 하지 않으면 불안해지기 때문입니다.

한 청년과 취업 문제를 상담하다가 거두절미하고 말해줬습니다. "불안하니까 취직하려고 하지, 취직 안 하면 먹고 살기 힘들다는 마음 있을 거야, 인정받기 힘들 수 있고, 뒤처지고 결혼도 못할 수 있다는 마음, 그런데 그것은 결국 하나님께서 너를 책임져 주실 수 없다는 명백한 증거를 네가 갖고 있는 것이란다." 과한 이야기가 아닙니다. 그것을 봐야 합니다. 취직해야 하는 것을 당연하게 생각하는 마음 뒤에 뿌리내린 죄성을 봐야 합니다.

"취직 안 하면 먹고 살기 힘들고, 결혼도 못하고 인정도 못 받는 것 같아서 불안한 거지. 그런데 그 불안이 어디로부터 온 거지? 하나님 없이 살아온 삶의 방식이 낳은 결과란다. 하나님으로부터 비롯된 것으로 살지 못한 결과야. 공부하지 말고, 취업하지 말라는 이야기가 아니야. 실제로 하나님 없이 산 것을 먼저 회개해야 한다는 거야. 하나님을 정말 신뢰하지 못하는 믿음의 상태로 하나님이 나를 책임져주실 거라는 그 거짓된 고백을 먼저 회개하는 것이 공부의 출발점이 되어야 해."

54 예수를 잡아 끌고 대제사장의 집으로 들어갈새 베드로가 멀찍이 따라가니라 55 사람들이 뜰 가운데 불을 피우고 함께 앉았는지라 베드로도 그 가운데 앉았더니 56 한 여종이 베드로의 불빛을 향하여 앉은 것을 보고 주목하여 이르되 이 사람도 그와 함께 있었느니라 하니 57 베드로가 부인하여 이르되 이 여자여 내가 그를 알지 못하노라 하더라 58 조금 후에 다른 사람이 보고 이르되 너도 그 도당이라 하거늘 베드로가 이르되 이 사람아 나는 아니로라 하더라 59 한 시간쯤 있다가 또 한 사람이 장담하여 이르되 이는 갈릴리 사람이니 참으로 그와 함께 있었느니라 60 베드로가 이르되 이 사람아 나는 네가 하는 말을 알지 못하노라고 아직 말하고 있을 때에 닭이 곧 울더라 (누가복음 22:54-60)

누가복음 22장 54절을 보면 베드로가 예수님을 멀찍이 따라갔습니다. 베드로는 예수님을 사랑했기 때문에 따라갔습니다. 예수님과 함께 있었다는 사실이 드러나면 자신도 죽을 수 있는 상황에서 예수님을 멀찍이라도 따라간 것은 사랑했기 때문입니다. 베드로는 조건 없는 헌신을 했습니다. 직업과 부모를 버리고 예수님을 따라갔습니다. 그런 베드로가 닭 울기 전에 예수님을 세 번 부인합니다. 마가복음에 보면 주님을 저주하면서까지 부인합니다. 베드로가 예수를 알지 못한다고 말하는 것은 '거짓말'입니다. 죽음을 무릅쓰고 주님을 따라가고 완전히 헌신했던 베드로도 내면에 있는 거짓말 하나를 제어하지 못합니다. 그것이 죄인의 특징입니다. 사탄의 속성입니다. 그래서 여러분도 예수님 잘 믿는다고, 사랑한다고, 헌신한다고, 무언가 잘 봉사한다고 이야기할 것이 아닙니다. 거짓말 하나 이기지 못하는 자신을 보셔야 합니다.

베드로가 불 쬐고 앉은 걸 보면 날씨가 추웠던 모양입니다. 하나님을 사랑하고, 주님을 깊이 사랑하는 베드로가 불을 쬐고 있습니다. 그때 예수님은 어떤 상태입니까? 매를 맞고 있고, 피투성이가 된 상태입니다. 등에 채찍 맞으시고 얼굴이 찢기고 온갖 조롱을 받는 상태입니다. 예수님을 사랑해서 따라간 베드로였지만 그 추위 하나 못 이겨서 불을 쬐고 있습니다. 그것이 우리의 실존입니다. 제발 말씀을 비틀어서 듣지 마십시오.

음란 동영상을 한 번도 컴퓨터에 저장한 적이 없다는 집사님이 있었습니다. 그 집사님은 자신이 그런 동영상을 저장하지 않아서 경건한 줄 알았는데, 속에 다른 욕구가 많다는 것을 보게 됐다고 합니다. 그것을 보는 것이 은혜의 시작입니다. 우리 마음에는 징그러운 것이 참 많습니다. 예수님께서 고초를 당하는 상태에서도 조금 춥다고 불 쬐는 게 인간이고, 속에 있는 거짓말 하나 제어 못하는 게 우리입니다.

> 61 주께서 돌이켜 베드로를 보시니 베드로가 주의 말씀 곧 오늘 닭 울기 전에 네가 세 번 나를 부인하리라 하심이 생각나서 62 밖에 나가서 심히 통곡하니라 (누가복음 22:61-62)

예수님과 베드로의 눈이 마주쳤습니다. 베드로가 열심히 노력해서 예수님과 눈을 마주친 것이 아닙니다. 주님께서 돌이켜 베드로를 보셔서, 눈이 마주친 것입니다. 주님의 공로가 더 큽니다. 주님의 공로로 말씀이 생각난 것입니다. 주님 때문에 주님이 하신 말씀, '오늘 닭 울기 전에 네가 세 번 나를 부인하리라' 하신 말씀이 생각난 것입니다. 그 말씀이 생각났는데 베드로는 '밖에 나가서' 심히 통곡합니다. 말씀이 생각나 밖에 나가 통곡했다고 그것을 회개라고 생각하시면 안 됩니다. 베드로가 '밖에' 나가서 통곡한 것은 회개가 아닙니다. 그것은 후회입니다. 회개는 주님 앞에서 하는 것입니다. 아무리 많이 울었다고 하지만 밖에 나가서 통곡한 것은 회개가 아닙니다. 예수님이 하신 말씀이 생각나도 예수님 앞에서 참된 회개를 하지 못하는 것이 인간입니다.

'정녕 죽으리라' 하신 말씀의 뜻이 무엇입니까? 육신이 죽는다는 이야기가 아닙니다. 영과 혼이 망가져서 하나님의 마음과 생각을 볼 수 없어서 하나님과의 관계가 끊어지는 것을 말합니다. 그래서 정녕 죽는다는 말씀은 참입니다. 그 결과로 우리는 끝없이 죄의 종 노릇을 합니다. 사탄이 거짓말로 우리를 속인 결과 우리는 '기쁨의 땅' 에덴에서 쫓겨났습니다. 에덴에서는 하나님과 함께함으로 기쁨이 가득했습니다. 그럼 에덴에서 쫓겨나면 기쁨이 없습니까? 아니요, 여러분의 삶을 보면 있습니다. 하나님과 관계없는 기쁨을 추구하며 사는 것이 우리입니다. 자녀가 명문대 합격하면 기쁘고, 돈이 채워지면 기쁘고, 해외여행만 가도 기뻐합니다. 사탄은 우리를 속여서 에덴 밖으로 끌고 나왔습니다. 그리고 말합니다. '너희들도 하나님처럼 눈이 밝아지게 될 거야!' 이 말은 우리들 자체가 기쁨이 될 것이라는 뜻입니다. 조금 더 쉽게 말씀드릴까요? '너희들 자녀에 대한 욕심을 채우면, 너희들 성공 욕구를 채우면, 너희들 건강과 재정을 채우면, 그것이 너희들의 기쁨이 될 거야!' 그것이 사탄의 거짓말입니다.

진리가 우리를 자유하게 한다는 것은 바로 이 사탄의 거짓말로부터 자유하게 되는 것입니다. 사탄은 우리를 끊임없이 죄의 종 노릇하게 만듭니다. "내 자녀 어떻게 해요, 이번에 회사가 부도 위기에 놓였는데 어떻게 해요!?" 그 문제가 해결되고, 욕구가 채워지면 기쁠 것이라고 속이는 사탄의 그 거짓말로부터 자유함이 생기는 것이 참 자유입니다. 그것 없으면 끊임없이 세상을 주목하는 거짓 복음으로 살게 됩니다. 그 거짓 복음에서 빨리 탈출하셔야 합니다.

주님께서 오셨습니다. 공생애를 사셨습니다. 십자가를 지시고 부활하시고 승천하셨습니다. 하나님 보좌 우편에 계십니다. 그럼 우리는 주님을 어디까지 따라가는 것입니까? 십자가까지만 따라가는 것이 아닙니다. 우리도 거듭나서 주님 계신 하나님 보좌 우편까지 따라가는 것입니다. 십자가를 통과했으니 세상에서 더 성공하고 땅의 가치를 더 강화하며 사는 것이 아닙니다. 하늘 보좌까지 가는 것입니다. 승천하면 하나님 아버지만 보입니다. 우리 마음이 아버지 하나님과만 관계합니다. 십자가를 이야기하고 예수님을 이야기한다고 모두 복음 설교가 아닙니다. 복음 설교는 내 마음이 땅에 붙어있지 아니하고 하나님과만 관계하게 만듭니다. 그것이 진리가 우리를 자유롭게 한다는 뜻입니다. 땅을 주목하게 하고, 세상의 것이 채워지면 기쁠 것이라고 속이는 사탄의 거짓말에서 자유로워지시길 축복합니다.

사탄은 세상이 가치 있다고 그럴 듯하게 포장해서 말하지만, 그 속임수를 볼 때 속이 느글거려야 합니다. 거짓말하며 발버둥치는 것이 보여야 합니다. 경건의 모양이 있는 사람 있습니다. 살살 거짓말하면서 신앙의 뜨거운 경험을 이야기하는 사람들, 결국 사고 칩니다. 거짓이 깊이 뿌리내린 사람, 거짓이 일상화된 사람은 결코 들려주시는 하나님의 말씀을 그대로 못 듣습니다. 듣고 싶은 말씀만 들을 뿐입니다. 틀림없는 사실입니다.

"주님 한 분이면 충분합니다! 주께서 하셨습니다!"는 말은 쉽게 그냥 나올 수 있는 말이 아닙니다. 쉬운 말이 아닙니다. 진리가 자유하게 하는 것을 경험하지 못하는데도 그런 말을 할 수는 없습니다. 오직 진리로, 사탄의 거짓말로부터 자유케 되는 영광이 가득하기를 예수님의 이름으로 축복합니다.

빌립보서 3:17-21

17 형제들아 너희는 함께 나를 본받으라 그리고 너희가 우리를 본받은 것처럼 그와 같이 행하는 자들을 눈여겨 보라
18 내가 여러 번 너희에게 말하였거니와 이제도 눈물을 흘리며 말하노니 여러 사람들이 그리스도의 십자가의 원수로 행하느니라
19 그들의 마침은 멸망이요 그들의 신은 배요 그 영광은 그들의 부끄러움에 있고 땅의 일을 생각하는 자라
20 그러나 우리의 시민권은 하늘에 있는지라 거기로부터 구원하는 자 곧 주 예수 그리스도를 기다리노니
21 그는 만물을 자기에게 복종하게 하실 수 있는 자의 역사로 우리의 낮은 몸을 자기 영광의 몸의 형체와 같이 변하게 하시리라

2. 십자가의 원수는 십자가에서 확인된다

오늘 말씀을 통해 '십자가의 원수'가 누구인지 정직하게 볼 것입니다. '내가 십자가의 원수였구나' 하는 분도 계실 텐데, 십자가의 원수에서 어떻게 벗어날 수 있는지 그 길까지 보기를 축복합니다.

형제들아 너희는 함께 나를 본받으라 그리고 너희가 우리를 본받은 것처럼 그와 같이 행하는 자들을 눈여겨 보라 (빌립보서 3:17)

바울이 이르되 말이 적으나 많으나 당신뿐만 아니라 오늘 내 말을 듣는 모든 사람도 다 이렇게 결박된 것 외에는 나와 같이 되기를 하나님께 원하나이다 하니라 (사도행전 26:29)

사도 바울이 사도행전 26장 29절에서 아그립바 왕과 베스도 총독 앞에서 변론할 때, 자신이 옥에 갇힌 것을 제외하고는 왕과 총독도 자신과 같이 되기를 원한다고 했습니다. 아그립바 왕은 사도 바울이 적은 지식으로 자신을 그리스도인으로 삼으려 한다고 말하고, 베스도 총독은 바울이 미쳤다고 말합니다. 바울의 이야기가 안 먹히는 상황입니다. 사도 바울은 이스라엘 공동체에도 끼지 못하는 낙오자입니다. 그런데 왕과 총독 앞에서 심문받는 낙오자 죄수 바울이 그들에게 자신을 닮으라고 말하고 있습니다. 그 사도 바울이 오늘 빌립보서에서는 교회 공동체를 향해 자신을 본받으라고 말하고 있습니다. 여러분도 저를 꼭 본받아야 할 것이 있습니다. 회개 잘 하는 것입니다. 예수님 바라보는 것입니다. 주님 닮아가려고 하는 마음입니다.

자녀를 잘 가르치려고 하는데 그것이 잘 안 될 때 부모들은 화를 냅니다. 사랑하는 자녀가 잘 되었으면 좋겠다는 마음은 다 있을 것입니다. 그런데 자녀가 잘 되기를 바라면서, 자녀에게 부모를 닮으라고 말하는 사람은 많지 않습니다. 오히려 '너는 잘 되어야 해, 그런데 나를 닮으면 안 돼' 하고 말합니다. 자신을 닮을까 봐 오히려 겁내는 부모가 많습니다. 그런데 사도 바울은 자신을 닮아야 한다고 말하고 있습니다. 그리고 그와 같이 행하는 자를 눈여겨 보라고 합니다. 여러분, 이것이 교회입니다. 교회에서 당당하게, 자신을 닮으라고 말하는 목사가 진짜 목사입니다. 그 이야기를 흘려듣지 않고 제대로 듣는 사람이 생기면 그와 같은 사람들이 재생산됩니다.

사도 바울이 자신을 닮으라고 한 말은 자신이 아니라 사도 바울 안에 계시는 예수님을 본받으라는 것입니다. 그런데 사도 바울 안에 계시는 예수님을 본받으려면 사도 바울과의 관계도 좋아야 합니다. 그것도 놓치면 안 됩니다. 사도 바울과의 관계가 좋지 않은데, 바울 안에 계시는 예수님을 보고 따라가는 것이 쉬울 수 없습니다. 그래서 말씀의 통로는 중요합니다. 사도 바울이 자신을 본받으라고 말한 근거는 20절입니다.

> 그러나 우리의 시민권은 하늘에 있는지라 거기로부터 구원하는 자 곧 주 예수 그리스도를 기다리노니 (빌립보서 3:20)

사도 바울의 시민권은 하늘에 있다고 합니다. 바울은 사실 로마 제국 시민이었습니다. 갈릴리 지역은 로마제국의 최전방이라 세금이 40%에 육박했습니다. 재정적으로 압박 받고 사회적 욕구를 채우기 어려운 때에 로마 시민이라는 것은 굉장한 특권입니다. 그런데 바울은 그것을 배설물로 여겼습니다. 대신 무엇을 가졌습니까? 하늘의 시민권입니다. 바울에게는 하늘 시민권이 현실이 되었습니다. '하늘 시민권'이 바울에게 실제 영향을 줬습니다. 사도 바울이 아그립바 왕이나 공동체를 향해 '나를 닮으라'고 말할 수 있는 까닭은 로마 시민권이 아니라 하늘 시민권이 현실로 다가왔기 때문입니다.

하늘나라 시민권이 실제로 현실이 된 것이 믿음입니다. 이 믿음은 억지로 따낼 수 있는 것이 아닙니다. 실제로 복음을 만나야 합니다. 십자가에서 예수님과 함께 죽고 예수님과 연합하여 살아야 천국 시민권이 실제가 되고 현실이 됩니다.

> 내가 여러 번 너희에게 말하였거니와 이제도 눈물을 흘리며 말하노니 여러 사람들이 그리스도의 십자가의 원수로 행하느니라
>
> (빌립보서 3:18)

형제들아, 하고 말씀을 시작하더니 십자가의 원수가 교회 안에 있다고 말합니다. 한두 명도 아니고 여러 사람들이 십자가의 원수라고 합니다. 그렇다면 지금 이 예배 공간에도 십자가의 원수가 많을 수 있습니다. 사도 바울은 예수님과 신앙을 말하면서도 십자가의 원수로 살고 있는 사람이 많다고 눈물을 흘리며 여러 번 이야기하고 있습니다.

십자가를 조금 다른 말로 표현해보겠습니다. 십자가는 내 마음이 세상으로부터 멀어져 죽고, 하나님 마음으로 채워지는 것입니다. 예수님께서 십자가에서 나를 위해 죽으셨다는 것을 믿는 것은 아무 소용없다고 말씀드렸습니다. 예수님과 함께 내가 십자가에서 죽어야 합니다. 갈라디아서 2장 20절 말씀처럼 예수님과 함께 십자가에서 죽었으니 예수님과 함께 연합하여 삽니다. 세상 것에 대한 욕

구로 가득한 내 마음이 죽은 것입니다. 세상으로부터 멀어진 만큼 우리 마음에는 하나님이 채워집니다. 그래서 십자가에서 확 죽어야 합니다. 죽었기 때문에 우리 안에는 예수님만 채워져 있습니다.

재정이 어려운 상황이라면 마음에 들어오는 것은 염려입니다. 염려가 깊어지면 두려움이 됩니다. 재정, 건강, 자녀, 관계의 문제로 염려가 마음에 들어옵니다. 믿음의 사람이라면, 주님과 함께 십자가에서 죽은 사람이라면, 염려가 마음에 들어올 때 화들짝 놀라게 됩니다. 깜짝 놀라면서, 나는 날마다 죽노라고 고백했던 사도 바울처럼, "염려, 네가 무엇이기에! 재정, 네가 무엇이기에! 자녀, 네가 무엇이기에! 내 마음에 염려를 끌고 들어와! 나는 예수님과 함께 십자가에서 죽었어!" 하고 고백하게 됩니다. 그런데 그렇게 하지 않고, 믿음의 틀은 있어서, 염려를 그대로 가지고 와서, 주님께 그대로 올려드린다고 하면서 염려를 이렇게 저렇게 이야기하며 기도하는 것, 그것은 십자가의 원수입니다.

사람은 세상의 결핍을 채우려고 하는 욕구가 있습니다. 우리는 또 믿음의 사람이기에 '영원하신' 하나님의 능력을 가져다가 그 결핍을 해결하려고 하는 욕구가 있습니다. 그래서 세상에서 더 빛나려 하는 욕구가 있습니다. 그러나 그것은 십자가의 원수입니다.

6 말하는 자의 소리여 이르되 외치라 대답하되 내가 무엇이라 외치리이까 하니 이르되 모든 육체는 풀이요 그의 모든 아름다움은 들

의 꽃과 같으니 7 풀은 마르고 꽃이 시듦은 여호와의 기운이 그 위에 붊이라 이 백성은 실로 풀이로다 8 풀은 마르고 꽃은 시드나 우리 하나님의 말씀은 영원히 서리라 하라 (이사야 40:6-8)

우리 몸이 풀이나 꽃과 같다고 하십니다. 하나님의 영원하심이 임하면 우리는 오히려 시듭니다. 영원하신 하나님의 역사가 임하면 우리가 품고 있는 그 모든 욕구가 허물어집니다. 이것이 성경입니다. 영원하신 하나님의 역사를 우리 결핍을 채우는 데 쓰느라 급급할 수는 없습니다. 이런 우상이 어디서 왔습니까?

그들의 마침은 멸망이요 그들의 신은 배요 그 영광은 그들의 부끄러움에 있고 땅의 일을 생각하는 자라 (빌립보서 3:19)

첫째, 십자가의 원수는 멸망으로 끝납니다. 멸망은 하나님과의 관계가 끊어진 것입니다. 십자가는 이 세상으로부터 내가 멀어지고 하나님으로 채워진 것이니, 십자가의 원수는 세상이 내 마음에 들어와 하나님은 사라지고 하나님과의 관계가 끊어진 것입니다.

막내 다윗이 괴나리봇짐 싸들고 아버지 심부름을 하러 형들에게 갑니다. 다윗이 전쟁터에서 이스라엘 군대와 블레셋이 싸우는 것을 보니 가관입니다. 이스라엘 군대가 골리앗을 보고 벌벌 떨고 있습니다. 사울 왕은 하나님으로부터 왕의 기름부음을 받았습니다. 그래서 하나님과 교통했습니다. 지금 우리보다 하나님과의 관계가 훨씬 돈독한 사람일 수 있습니다. 우리보다 훨씬 더 하나님과 친밀했을 것입니다. 그런데 골리앗이라는 커다란 문제가 생겼을 때, 사울 왕에게는 골리앗과 하나님의 능력 가운데 무엇이 현실감 있었습니까? 믿음의 사람이었던 사울 왕이었는데도 골리앗이 훨씬 더 현실감이 있었습니다. 어린 다윗은 그 광경을 보고, '어찌 이럴 수가! 저 짐승만도 못한 골리앗 앞에서 어찌 이럴 수가!' 하며 분노했습니다. 다윗에게는 골리앗이 아니라 만군의 여호와 하나님이 현실이었습니다.

우리는 문제를 해결하기 위해 부르짖습니다. 자식과 재정과 사회적 욕구를 해결해달라고 부르짖습니다. 이 문제 풀려야 산다고 부르짖지만 그것은 십자가의 원수입니다. 내가 예수님과 함께 죽고, 예수님이 현실이 되었을 때, 골리앗은 그냥 무너집니다. 이 세상이 현실 될 때 우리는 멸망하지만, 하나님이 현실 되었을 때 골리앗은 무너집니다. 성도들의 상담 내용 가운데 90% 이상은 '마침이 멸망'인 문제입니다. 제가 세상 문제에 맞춰서 상담해드렸던 것, 하나님 앞에서 회개했습니다. 이렇게 하면 세상에서 더 잘 될 것 같다고 문제에 맞춰서 상담했던 것, 회개했습니다.

둘째, 십자가의 원수들의 신은 '배'라고 말합니다. 배는 '욕망'입니다. 그들이 믿는 신은 '욕망'이 채워져야 합니다. 플라톤의 《국가론》을 보면 4주덕이 나옵니다. 3가지가 조화를 이루면 정의로운 사회가 된다는 것입니다. 머리(지혜)와 가슴(용기)과 배(절제)입니다. 머리는 권력자, 관료들이고 가슴은 군인들이며 배는 생산을 담당하는 계층을 말합니다. 이 셋이 조화를 이뤄야 정의로운 사회가 된다는 것입니다. 플라톤이 이야기하는 '배', 곧 욕구가 절제되고 해결되는 길은 성경에서는 오직 하나입니다. 예수님과 함께 죽고 사는 길 외에는 없습니다.

재정이 어려워지면 힘들고, 욕구가 채워지지 않으면 힘들어 합니다. 그때 믿음의 사람들은 어떻게 합니까? 예수님의 등이 만신창이가 되고 머리에 가시관을 쓰시고 침으로 범벅이 되고 턱수염이 뽑히시고 뺨 맞으시고 손발은 못 박히고, 옆구리는 창에 찔리셨습니다. 그런데 그 십자가에서 여러분도 죽으셨습니까?

새로 분양하는 아파트가 너무 좋아서 그 집을 갖고 싶고 또 그 집에서 살고 싶다는 마음이 생기셨습니까? 그럼 예수님께서 돌아가신 십자가에서 여러분이 그 아파트를 마음에 품고 있다고 생각해 보십시오. 상처 나고 피 흘리는 그 십자가에서 새 아파트를 품고 있다고 생각하면, 그 마음의 욕구를 보고 화들짝 놀라지 않겠습니까? 십자가에서 돈을 품고, 아파트를 품고, 자녀를 품고, 새 차를 품고 있다면 마음이 아프지 않을까요? 마음이 아프지 않다면 십자가에서 죽지 않은 것입니다. 믿음의 사람은 세상의 것이 욕구될 때마다 소스라치게 놀라게 됩니다. '하나님! 제가 왜 이래요! 제 마음이 왜 그런 것을 품어요!' 하고 부르짖게 됩니다. 사도 바울이 그래서 교회 안에 이런 십자가의 원수가 많다고, 이 십자가의 원수들은 결국 망한다고 눈물로 말하고 있는 것입니다. 성공과 비전이라는 이름 아래 그 욕망을 그럴 듯하게 감추지만 결국 그것은 욕망일 뿐입니다.

우리 교회의 한 집사님이 3기말 4기초의 암에 걸려 투병하고 있었을때 공동체에서 어떻게 도울까, 고민하다가 내린 결론은 하나였습니다. "죽어도 하나님의 뜻, 살아도 하나님의 뜻! 몸이 회복되는 것이 목적이 아니라, 이 고통 가운데서도 내 마음 흔들릴 수 없어요, 우리 그것 고백하자!" 저도 대수술 해봐서 그 고통 압니다. 암 투병 정말 아픕니다. 육신의 그 고통은 경험하기 전에는 이해할 수 없는 것입니다. 재발 방지를 위한 이식 수술을 앞두고 전화가 왔습니다. "목사님, 너무 아파서 너무 힘들어서 다 놓고 싶어요, 다 내려놓고 싶어요" 그래서 제가 같이 울었습니다. "그 고통 부인하지 마, 그 아픔 부인하지 마! 그러나 이제 예수님으로 사는 그 마음 변할 수 없고 흔들릴 수 없다고 고백하자!"며 함께 펑펑 울었습니다. 그 순간이 면역수치가 바닥을 치는 때였습니다. 지금은 완치가 됐습니다. 욕구가 있음에도, 그 욕구 때문에 흔들리지 않는 마음을 경험하며 살기를 축복합니다.

셋째, 십자가의 원수들의 영광은 그들의 부끄러움에 있습니다. 영광은 곧 탁월함입니다. 1등입니다. 도둑놈의 자랑은 많이 도둑질한 것입니다. 폭력배라면 10대 1로 싸웠다는 무용담 같은 것이 자랑일 것입니다. 여러분은 무엇을 자랑하며 살고 있습니까?

지방에서 올라온 한 청년이 불우한 환경에서도 꿋꿋하게 살고 있습니다. 그 청년에게 복음이 들리기 시작하니 이런 이야기를 합니다. "아, 사회적으로 낙오되는 것이 불행한 것이 아니구나, 그것이 실패가 아니구나, 그것이 창피한 것이 아니구나! 아, 내 안에 계시는 예수님을 바라보며, 그분이 하심을 기대하는 나는 자랑스러운 하나님의 사람이구나"

넷째, 십자가의 원수는 땅의 일을 생각합니다. 사탄은 공중에서 미가엘 천사장과 싸우다가 땅으로 쫓겨납니다.(요한계시록 12장) 사탄은 1/3에 해당하는 타락한 천사들과 함께 땅으로 옵니다. 그래서 사탄과 졸개들이 이 땅을 다스립니다. 사탄은 모든 사람들을 꾀고 속입니다. 사탄이 히브리어를 번역한 단어라면 마귀는 헬라어를 번역한 말로, 성경에서 '큰 용'이라 말하기도 합니다. 용이라는 동물은 실제로는 없지만 용의 이미지는 전 세계에 다 있습니다. 용에 대한 이미지가 좋은 나라가 많습니다. 우리나라도 임금님이 입는 옷이나 임금님의 얼굴을 지칭해 용포, 용상이라고 합니다. 큰 용인 사탄은 용을 좋은 것이라고 속였습니다. 그래서 우상이 생기고 이단이 생깁니다. 하늘을 지양(止揚)하고 땅을 지향(志向)하도록 만듭니다. 십자가의 원수는 땅을 생각하도록 만듭니다.

사탄이 아담과 하와를 꾀었습니다. 속이는 것보다 속는 죄가 더 큽니다. 인류 최초의 죄는 속은 것입니다. 왜 속을까요? 하나님과 관계가 희미해지고 멀어질 때, 영적 게으름이 있을 때 속습니다. 아담과 하와가 하나님과의 관계가 좋았다면, "하나님, 사탄이 선악과를 먹어도 안 죽는다는데 저 말이 맞습니까?" 하고 물어봤을 것입니다. 그러나 묻는 관계가 안 되었습니다. 영적 게으름입니다. 하나님께서는 하와를 꾄 사탄, 곧 뱀에게 저주를 내립니다. 배를 땅에 대고 흙을 먹을 것이라고 하셨습니다. 그것이 저주입니다. 배는 욕망입니다. 땅(세상)의 일만 지향하고 욕망을 땅(세상)에서만 찾아야 하는 삶이 저주라는 것입니다. 십자가에서 예수님과 함께 죽을 때 그 저주가 끊깁니다. 예수님과 함께 다시 살 때만 죄 된 욕구가 보이고 주님께 더욱 나아가게 됩니다.

> 그는 만물을 자기에게 복종하게 하실 수 있는 자의 역사로 우리의 낮은 몸을 자기 영광의 몸의 형체와 같이 변하게 하시리라
>
> (빌립보서 3:21)

우리의 신앙이 정말인지, 정말 그분이 우리 마음에 있는지 알아볼 수 있는 방법이 있습니다. 변화입니다. 변화가 없는 신앙생활은 거짓입니다. 변화는 노력이나 개선으로 안 됩니다. 내 안에 계신 예수님으로 바뀌는 것입니다. 생명이 되신 예수님이 내 안에 계시면, 그 생명은 반드시 자라고 표시납니다. 차가운 얼음을 뚫고 나오는 새싹처럼 생명은 반드시 자랍니다. 십자가에서 죽고 살면 그 생

명은 반드시 자라납니다. 우리 교회가 정말 살아있는가! 우리 교회에 정말 생명이 있는가! 변화된 사람이 있는지 확인하면 알 수 있습니다.

제가 예수님으로 변화된 흔적이 있다면, 여러분도 닮아야 합니다. 저와도 신뢰 관계가 없으면 안 됩니다. 말씀의 통로와 관계가 어그러진 사람들은 회개가 안 됩니다. 그래서 망합니다. 변화는 생명입니다. 예수님과 함께 죽을 때만 생명이 들어옵니다. 예수님으로 사는 사람들은 골리앗과 같은 문제가 닥칠 때 내 마음에서 예수님의 마음이 줄어든다는 것을 압니다. 그래서 돌이키는 것입니다. 들킬까 봐 혼날까 봐 창피당할까 봐 하는 회개가 아니라 존재론적인 회개, 전적으로 타락한 존재에 대한 회개를 하게 됩니다. '메타노이아'¹의 회개입니다. 죄의 결과만 회개하는 것이 아니라 끊임없이 죄를 생산해내는 죄의 본체, 죄의 공장, 죄의 나무와 같은 우리 '죄성'을 십자가에서 주님과 함께 죽이는 것입니다. 그때에만 사도 바울처럼 왕 앞에서도 나와 같이 되라고 말할 수 있고, 다윗처럼 골리앗 앞에서 하나님이 현실이 되어 행할 수 있습니다. 십자가의 원수는 십자가에서만 구별됩니다. 회개 없는 사람은 결코 변화가 없습니다.

---

1 '옮김, 변화'를 뜻하는 전치사 메타(μετ)와 '생각하다'는 뜻의 노에오(νοω)가 합쳐진 단어로 '생각을 바꾸다, 목표를 정하다'는 뜻. 존재론적인 죄성에 대한 회개를 말한다.

'십자가의 의미를 알겠니?
십자가의 원수는 십자가에서 확인된다는 의미를 알겠니?
세상에 대해 우리 마음이 죽고,
하나님으로 우리 마음이 채워지는 것을 확인하는 것이란다.'
말씀해주시는 하나님께 감사드립니다.
날마다 하나님 앞에서 우리 마음을 정직하게 돌아보고,
통회하고,
다시 일어나 말씀 따라가는 하나님의 백성들에게
십자가의 의미가 일깨워져
삶에서 하나님만 현실 되기를
예수님의 이름으로 기도드립니다. 아멘

히브리서 3:1-14

1. 그러므로 함께 하늘의 부르심을 받은 거룩한 형제들아 우리가 믿는 도리의 사도이시며 대제사장이신 예수를 깊이 생각하라
2. 그는 자기를 세우신 이에게 신실하시기를 모세가 하나님의 온 집에서 한 것과 같이 하셨으니
3. 그는 모세보다 더욱 영광을 받을 만한 것이 마치 집 지은 자가 그 집보다 더욱 존귀함 같으니라
4. 집마다 지은 이가 있으니 만물을 지으신 이는 하나님이시라
5. 또한 모세는 장래에 말할 것을 증언하기 위하여 하나님의 온 집에서 종으로서 신실하였고
6. 그리스도는 하나님의 집을 맡은 아들로서 그와 같이 하셨으니 우리가 소망의 확신과 자랑을 끝까지 굳게 잡고 있으면 우리는 그의 집이라
7. 그러므로 성령이 이르신 바와 같이 오늘 너희가 그의 음성을 듣거든
8. 광야에서 시험하던 날에 거역하던 것 같이 너희 마음을 완고하게 하지 말라
9. 거기서 너희 열조가 나를 시험하여 증험하고 사십 년 동안 나의 행사를 보았느니라
10. 그러므로 내가 이 세대에게 노하여 이르기를 그들이 항상 마음이 미혹되어 내 길을 알지 못하는도다 하였고
11. 내가 노하여 맹세한 바와 같이 그들은 내 안식에 들어오지 못하리라 하였다 하였느니라
12. 형제들아 너희는 삼가 혹 너희 중에 누가 믿지 아니하는 악한 마음을 품고 살아 계신 하나님에게서 떨어질까 조심할 것이요
13. 오직 오늘이라 일컫는 동안에 매일 피차 권면하여 너희 중에 누구든지 죄의 유혹으로 완고하게 되지 않도록 하라
14. 우리가 시작할 때에 확신한 것을 끝까지 견고히 잡고 있으면 그리스도와 함께 참여한 자가 되리라

3. 내 사랑 예수님께 내 마음이 가 있어요!

　내 사랑하는 예수님께 내 마음이 가 있는지 보는 것이 설교의 목적입니다. 내 마음이 항상 주님께 가 있으면 좋겠다는 선택이 명확하기를 축복합니다. 어떤 선택을 하는지는 굉장히 중요합니다. 우리의 바른 선택이 사탄에게 치명상을 입히기 때문입니다. 우리 교회의 필독서, C.S. 루이스[2]의 《스크루테이프의 편지》 결론은 '끝까

2　《나니아 연대기》 작가로 널리 알려진 C.S. 루이스는 20세기 영국 문학의 대표작가이자 영문학자이다. 루이스는 무신론자였지만 1929년에 회심했다. 그는 이후 기독교를 논리적으로 설명하는 기독교 변증론을 펼친 인물로 손꼽히게 된다. 그는 《스크루테이프의 편지》가 자신의 책 중에 '글쓰기가 즐겁지 않았던' 유일한 책이었다고 밝혔다.

지'입니다. 죄를 도저히 이길 수 없는 극한상황에 직면했더라도, 주님을 택하겠다는 그 선택이 사탄에게 치명상을 입힙니다. 오늘 말씀을 통해 마음이 하나님께 가 있지 못하도록 막고 있는 근본적인 성향도 보게 될 것입니다.

> 그러므로 함께 하늘의 부르심을 받은 거룩한 형제들아 우리가 믿는 도리의 사도이시며 대제사장이신 예수를 깊이 생각하라
>
> (히브리서 3:1)

예수님을 선택하는 사람들은 '함께, 부르심을 받은' 사람들입니다. 주님에게로 부르심을 받은 것입니다. 제가 목사라는 직업으로 부르심 받지 않았습니다. 목사로 부르심 받았다면 여기서 골목대장 노릇하고, 왕 노릇합니다. 아닙니다. 저는 예수님에게로 부르심 받았습니다. 그래서 주님의 뜻과 감정과 생각과 마음과 의지가 중요합니다.

주님에게로 부르심 받은 사람은 예수님을 '깊이 생각해야 한다'고 말씀합니다. 부르심을 받아도 예수님을 깊이 생각하지 않으면, 무언가 부족하다고 생각하고 삶에 뭔가 다른 것이 더해져야 한다고 여기기 때문입니다. 그래서 천사 숭배 사상이 나타나고 모세가 예수님보다 더 돋보이는 일도 생기는 것입니다. 목사인 제가 예수님을 깊이 생각하지 않으면, 주차 공간이 부족하면 교인들 힘들어지고, 교회 재정이 부족하면 문제가 많아질 것이라는 생각이 들어올 수

있습니다.

'깊이 생각하다'는 말을 히브리어로 보면 '망치로 못을 박는다'는 의미입니다. 예수님을 깊이 생각한다는 것은 내 마음이 흔들리지 않도록 예수님께 못 박는 것입니다. 상황과 여건 따라 흔들리는 마음이라면 부르심이 없는 사람일 것입니다. 예수님을 깊이 생각하는 사람은 마음이 흔들리지 않습니다. 폭풍우가 몰아쳐도, 내 마음이 주님께 굳게 박혀있는 사람들은 흔들리지 않습니다.

> 광야에서 시험하던 날에 거역하던 것 같이 너희 마음을 완고하게 하지 말라 (히브리서 3:8)

예수님을 깊이 생각하지 못하면, 마음이 완고하게 됩니다. 백성들이 광야에서 거역한 것은 곧 하나님을 거역한 것입니다. 마음이 예수님께 못 박히지 않으면 결국 예수님을 거역하게 됩니다. 예수님을 깊이 생각하지 않으면 마음이 완고해져서 반드시 하나님을 거역하게 됩니다.

출애굽기 17장을 보면, 하나님의 초자연적 역사로 이스라엘 백성들이 애굽에서 나옵니다. 완전한 하나님의 은혜로 홍해를 건넙니다. 하나님께서는 백성들이 광야에서 당신을 예배하게 할 것이라고 하셨습니다. 그런데 르비딤으로 가는 도중에 이스라엘 백성들이 먹을 물이 없으니까 불평합니다. 하나님께서 백성들을 사랑해서 애굽에서 광야로 데리고 왔는데 갈증 하나 해결하지 못한다며 하나님을 원망합니다. 이스라엘 백성이 하나님을 시험하고 있는 장면입니다. 애굽에 그냥 놔두지, 왜 여기까지 데리고 와서 우리를 죽게 하냐고 불평합니다. 이것이 '완고함'입니다.

'완고하다'는 말은 사전적으로 고집이 세다는 뜻입니다. 히브리어로 보면 '바싹 마르다'는 뜻입니다. 하나님께서는 결국 백성들에게 물을 주십니다. 그런데 우리는 어떤 마음이 있습니까? 아니 물을 주시려면 좀 빨리 주시지, 하는 마음이 있지 않습니까? 완고함 때문입니다. 이 완고함은 하나님과의 사귐을 가로막는 치명적인 장애물입니다. 우리는 이 완고함 때문에 하나님을 대적하고 말씀을 거역하게 됩니다.

> 내가 노하여 맹세한 바와 같이 그들은 내 안식에 들어오지 못하리라 하였다 하였느니라 (히브리서 3:11)

완고하면, 하나님의 안식에 들어가지 못합니다. 안식이 깨집니다. 안식이 있기 때문에 에너지를 얻고 사랑할 힘과 능력을 얻습니다. 안식이 있기 때문에 임마누엘의 역사가 펼쳐지고 우리가 하나님의 사람으로 살 수 있습니다.

목마른 상황이 생기면 우리 몸이 먼저 갈증을 느낍니다. 목마름이 더 심해지면 갈증 나는 상태가 몸에 더 채워져서 우리에게 영향을 미칩니다. 그 갈증이 마음에 영향을 끼칠수록, 육체의 그 갈증은 마음을 잡고 이끌어갑니다. 그러나 하나님의 사람들은 마음이 몸을 이끌어가야 합니다.

물도 안 먹고 금식하면, 식도가 말라 붙습니다. 식도가 말라 붙어서 생기는 고통은 칼로 살을 째는 것보다 더 아픕니다. 최고의 고통은 목마름입니다. 입에서는 온갖 역겨운 냄새가 납니다. 이스라엘 백성들의 목마름은 진짜입니다. 몸의 목마름이 느껴지니까 그 목마름이 마음에 영향을 끼칩니다. 타락한 죄인은, 하나님의 시선으로 환경을 바라보지 못합니다. 오히려 환경이 마음을 이끌어 가도록 내버려둡니다. 즉, 육체가 마음을 이끌어가는 것이 '완고함'입니다.

예수님께서 40일 동안 금식하셨을 때 사탄이 와서 돌로 떡을 만들어 먹으라고 시험합니다. 예수님은 행하실 수 있었지만 분명히 말씀하십니다. '사람이 떡으로만 살 것이 아니요 오직 하나님의 입으로부터 나오는 모든 말씀으로 살 것이라.'(마태복음 4:4) 하나님의 사람은 육체의 근본적인 욕구에 끌려가지 않고 마음에 심겨진 주님의 말씀으로 삽니다. 육신이 요구하는 것을 따라가고자 하는 경향성이 완고함입니다. 이 완고함은 내 사랑 예수님께 마음이 가 있지 못하게 만듭니다. 하나님의 말씀을 듣고 있음에도 불구하고, 백성들이 거역하는 것은 마음이 완고하기 때문입니다. 놀라운 초자연적인 역사가 있어도, 마음이 완고하면 결국 하나님을 거역합니다.

> 거기서 너희 열조가 나를 시험하여 증험하고 사십 년 동안 나의 행
> 사를 보았느니라 (히브리서 3:9)

이번에는 백성이 광야에서 하나님을 시험했습니다. 하나님이 수험생이 된 것입니다. 예수님을 잘 믿는다고 말하고, 철야 기도하고, 교회 일도 잘하고, 사람들 잘 섬기는 것 같고, 됨됨이가 괜찮은 것 같아도 이 완고함이 가시지 않는다면 하나님을 무섭게 시험할 수 있습니다. 우리가 주인되어 하나님에 대한 합격과 불합격을 판정하려고 합니다. "아니, 하나님이 이 광야까지 데려와서, 우리를 사랑한다고 하시면서 우리를 배고프게 하면 어떻게 해요! 배고프면 불합격, 배고프지 않으면 합격! 고기를 안 주면 불합격, 고기를 주면 합격!"이라고 말한다는 것입니다. 돈 없다고 주님께 나와서 탄원하고, 재정 채워달라고 기도하고 나서, 돈 채워지면 합격, 돈 안 채워지면 불합격! 몸이 아팠는데 치유가 일어나면 합격, 치유가 없으면 불합격! 그런 속마음을 보셔야 합니다. 자녀가 잘 되면 합격, 아니면 불합격입니까? 그 마음이 완고함입니다.

세계적인 치유 사역자인 고드 와이트 목사님이 하나님의 인도하심으로 우리 교회에 오셨습니다. 우리처럼 작은 교회에 오실 때는 보통 큰 교회 방문 때 겸해서 오는 경우가 대부분입니다. 와이트 목사님은 한국에 오고 싶다는 감동을 계속 받으셨다고 합니다. 큰 교회와 이야기했지만 잘 안 됐고, 그럼에도 한국에 있는 교회를 가

라는 마음을 계속 받으셔서, 와이트 목사님께서 믿을 만한 단체에 교회를 소개해 달라고 부탁했고, 결국 우리 교회에 오시게 됐습니다. 고드 와이트 목사님께서 그리스도의 삼중사역(가르치고, 선포하고, 치유하신 사역)에 대해 재확인시켜 주셨습니다. 예수님은 공생애 기간에 우리 마음을 하나님께 이끄시려고 우리를 십자가로 이끌고 가십니다. 세 가지 사역을 통해 제자들과 백성들의 마음을 사십니다. 그런 뒤에 십자가에서 돌아가시고 다시 부활하십니다. 그리고 하나님 보좌 우편까지 우리를 끌고 가십니다. 십자가까지만 이끌고 가시는 것이 아니라 하늘 보좌까지 이끌고 가십니다.

제가 삼중사역을 했습니다. 가르쳤고, 말씀을 선포했고, 치유 사역도 했습니다. 육체의 치유, 내적 치유, 영적인 치유를 많이 했습니다. 특히 육체의 치유가 많이 일어났는데 어느 순간 사역을 중단했습니다. 육체의 치유가 일어났음에도 인격의 변화가 없다는 것에 많이 놀랐습니다. 많은 사람들이 치유를 경험했습니다. 암이 떠나가고, 없던 신체기관이 새로 생기는 재창조의 역사가 일어나고, 소아마비가 고쳐졌습니다. 안과, 치과, 정신과, 정형외과 등 거의 모든 영역에서 치유가 일어났습니다. 그러나 그 치유를 받고도 내적인 성장, 인격의 변화는 없었습니다. 감당하기가 힘들었습니다. 더 당혹스러웠던 것은 하나님의 영광이 임하는 치유사역의 자리에서도 극도의 이기심을 봐야 했다는 것입니다. 치유를 받으려고 무질서하게 밀려들고, 앞으로 나오려고 다이빙을 하고 슬라이딩을 합니다. 찬양과 예배는 그분들에게 별 의미가 없는 것으로 보였습니다. 그런데 더 놀라운 것은 그렇게 다이빙을 하면서 치유받으려고 욕심을 부려도 치유가 된다는 것이고, 또 더 놀라운 것은 그렇게 치유가 되어도 인격적인 변화가 없다는 것이고, 또 놀라운 것은 치유가 되어도 다시 재발하는 경우가 많다는 것입니다.

여러분, 치유가 항상 일어날까요? 아닙니다. 그래서 정말 부담이 됩니다. 치유가 안 일어날 때의 부담은 상상 이상입니다. 또 치유가 막 일어나고 있을 때, 회중들은 목사님을 믿을까요, 하나님을 믿을까요? 성령님을 구할까요, 목사님을 구할까요? 목사를 주목하고 있다는 것이 느껴지면 견디기가 힘듭니다. 회중들이 목사를 주목하고 목사를 의지하고 있다는 것은 잘못된 것입니다. 그러나 잘못된 사실이라는 것을 알면서도 치유 사역은 그냥 진행됩니다. 때로는 화가 난 상태에서도 진행됩니다. 그런데도 치유가 일어납니다. 그때 오는 죄의식은 엄청납니다.

끼가 있는 사람들이 있습니다. 저는 그런 끼가 있는 사람을 피해 다닙니다. 에너지만 많이 소모되니까 치유사역도 웬만하면 그런 분들에게는 하지 않았습니다. 그런데 이번에 고드 와이트 목사님과 이야기를 나누며 알게 됐습니다. 고드 와이트 목사님도 저와 같은 경험을 했고, 같은 고민을 하고 계셨습니다. 같은 고민을 하고 계셔서 제가 위로받았다는 말씀을 드리려는 것이 아닙니다. 제 죄성을 깨달았습니다. 제가 끝까지 주님을 바라보지 못했고 주님을 신뢰하지 못했다는 것을 깨달았습니다. 치유사역에서 제가 경험한 그 압박감과 두려움, 염려가 완고함이었습니다. 시선을 예수님께 두지 못하고 환경에 빼앗긴 제가 보인 것입니다.

> 하나님이 우리에게 주신 것은 두려워하는 마음이 아니요 오직 능력과 사랑과 절제하는 마음이니 (디모데후서 1:7)

우리에게 두려워하는 마음이 있으면 됩니까, 안 됩니까? 성경은 두려워하지 말라고 수없이 되풀이해서 말씀하고 있습니다. 그리고 두려움에는 형벌이 있다고 말씀하십니다.

> 사랑 안에 두려움이 없고 온전한 사랑이 두려움을 내쫓나니 두려움에는 형벌이 있음이라 두려워하는 자는 사랑 안에서 온전히 이루지 못하였느니라 (요한일서 4:18)

그런데 빌립보서에서는 두려워하라고 말씀합니다.

> 그러므로 나의 사랑하는 자들아 너희가 나 있을 때뿐 아니라 더욱 지금 나 없을 때에도 항상 복종하여 두렵고 떨림으로 너희 구원을 이루라 (빌립보서 2:12)

두려움 자체를 무서워하라는 것이 아니라 무엇을 두려워할지를 알아야 한다는 말씀입니다.

> 그러므로 우리가 흔들리지 않는 나라를 받았은즉 은혜를 받자 이로 말미암아 경건함과 두려움으로 하나님을 기쁘시게 섬길지니
>
> (히브리서 12:28)

인생의 두려움은 무엇이 부족해서 생깁니다. 재정, 건강, 관계 등 모든 것에서 그렇습니다. 두려운 감정 자체를 없애는 것은 창조 섭리에 맞지 않습니다. 두려움은 몰아내는 것이 아닙니다. 나에 몸이 재정이 부족한 상황에 놓여 있다면, 마음에는 두려움이 생깁니다. 그러나 하나님께서는 그 부족함 때문에 두려워하지 말고, 마음에 예수님이 부족한 것 때문에 두려워하라고 하십니다. 삶의 문제들이 몸에 가득해 마음을 두렵게 하는 것이 완고함입니다. 그 염려로 인한 완고함은 말씀을 선택하지 않고 육체의 그 상황에 머물게 합니다.

"하나님! 내 마음에서 예수님이 줄었어요!" 신앙은 마음에서 예수님이 줄어드는 것을 두려워하는 것입니다. 관계가 어렵고 불확실한 미래 때문에 불안하고, 취업이나 결혼을 할 수 있을까 하는 염려가 생기고, 우리 가정이 평탄할까 하는 마음이 들어올 때 주님을 선택하지 못하고 그 육신의 불안에 머무르는 것이 완고함입니다. 그

완고함은 결국 하나님을 거역합니다. 안식에 이르지 못합니다.

이제 선택하셔야 합니다. 무엇을 두려워할 것인가! 환경이 무서웠고 평가가 두려웠습니까? 저는 성도들이 잘못되면 하나님께서 저에게 책임을 물을까 봐 두려웠습니다. 주님께서 인도하시는 역사를 신뢰하는 그 마음보다 두려움이 오히려 컸던 것입니다. 그러나 이제 압니다. 제 사랑하는 예수님께 제 마음을 드립니다! 제 마음에서 예수님이 줄어드는 것을 두려워하겠습니다! 하나님, 날마다 신선한 기름부음을 제 마음에 부어 주시옵소서. 이 기도가 여러분의 기도가 되기를 예수님의 이름으로 축복합니다.

시편 23:1-6

1 여호와는 나의 목자시니 내게 부족함이 없으리로다
2 그가 나를 푸른 풀밭에 누이시며 쉴 만한 물 가로 인도하시는도다
3 내 영혼을 소생시키시고 자기 이름을 위하여 의의 길로 인도하시는도다
4 내가 사망의 음침한 골짜기로 다닐지라도 해를 두려워하지 않을 것은 주께서 나와 함께 하심이라 주의 지팡이와 막대기가 나를 안위하시나이다
5 주께서 내 원수의 목전에서 내게 상을 차려 주시고 기름을 내 머리에 부으셨으니 내 잔이 넘치나이다
6 내 평생에 선하심과 인자하심이 반드시 나를 따르리니 내가 여호와의 집에 영원히 살리로다

4. 믿음의 현실은 하나님이다

　　지난주 지방을 두 번 다녀오고 외부 집회도 있었고 문화행동 아트리 선교사님들도 만났습니다. 바쁜 가운데 주님께 마음 붙이고 살았지만 하나님의 아픈 마음도 밀려왔습니다. 복음이 빠진 '열심 있는 믿음'을 많이 봤기 때문입니다. 십자가 복음이 빠진 믿음이 종교적 행위를 더욱 강화시키는 것을 보고 힘든 마음이 밀려올 때 하나님께서 시편 23편이 떠오르게 하셨습니다. 오늘 설교는 하나님과 나의 관계를 살펴보는 것이 목적입니다. 내가 어떤 하나님을 바라보고 있는지, 혹시 나의 어떤 것을 채우기 위한 수단으로 하나님을 바라보고 있는 것은 아닌지, 정말 관계적으로 하나님이 나의 주인으로 자리 잡고 있는지 선명하게 보게 되기를 축복합니다. 우리 교회

첫 설교가 시편 23편이었고 4, 5주 정도 본 것 같습니다. 오늘은 이 말씀을 관계적으로 보게 될 것이기에 깊은 울림이 있을 것입니다.

여호와는 나의 목자시니 내게 부족함이 없으리로다 (시편 23:1)

다윗은 지금 자신에게 부족함이 없다고 선포하고 있습니다. 여러분은 주위에서 부족함이 없다고 자신 있게 말하는 분을 본 적이 있습니까? 최고의 권력을 쥐었던 전직 대통령들을 보면 그렇게 만족스러운 것 같지 않습니다. 돈이 많은 재벌이 부족함 없는 인생일까요? 최고의 예술가라고 불리는 사람들이나 최고의 인기 스타들이 부족함 없는 인생일까요? 역설적으로 행복을 전하는 웃음 바이러스 전도사라고 불리는 사람들은요? 하나님 앞에 서 있다는 성직자들은 과연 부족함이 없는 인생이라고 말할 수 있을까요? 과연 누가 부족함이 없다고 이야기할 수 있을까요? 거의 없을 것입니다.

그런데 다윗은 여호와는 나의 목자시니 부족함이 없다고 말하고 있습니다. 실제 다윗의 인생은 어땠습니까? 다윗은 미성년자일 때 집안에서 양치기로 취업했습니다. 10대에 취업한 것은 부족한 인생 아닐까요? 사무엘이 이새(다윗의 아버지)의 집에 가서 기름부음을 하려고 할 때 다윗은 없었습니다. 들에서 양치고 있었습니다. 아버지로부터 인정받지 못했습니다. 다윗이 조금 더 자란 뒤에는 사울 왕 밑에서 직장생활을 시작합니다. 그런데 사울 왕으로부터 외면당하고 공격받습니다. 사울 왕의 딸 미갈과 결혼했지만 따돌림 받고 무시당합니다. 다윗이 부족함이 없다고 말하는 근거는 여호와가 나의 목자라는 사실 때문입니다. 그런데 조금 이상한 문장입니다. 하나님이 목자라면 부족한 것이 없어야 당연한 것 아닙니까? 다윗이 양을 칠 때, 곰과 사자가 양을 물어가면 목숨을 걸고 맹수와 싸워 양을 구했습니다. 목자라면 책임을 다하는 것이 마땅하기 때문입니다. 그런데 하나님이 목자인데도 부족함이 있다? 그것은 하나님께 문제가 있는 것이라고 말할 수 있습니다. 주무시거나 능력이 쇠하여지셨거나, 하고 의문을 품을 수도 있습니다. 즉, 하나님이 목자인데도 부족함이 있다면, 그것은 나에게 문제가 있는 것이 아니라 하나님께 문제가 있는 것입니다.

여러분, 주님이 여러분의 목자이십니까? 그런데 삶에서 부족한 것을 경험하지요. 이상하지 않습니까? 주님이 목자라고 하는데 우리는 왜 부족함을 많이 경험할까요? 이것을 모르고 믿음 생활하는 것이 헛믿음입니다.

> 그가 나를 푸른 풀밭에 누이시며 쉴 만한 물 가로 인도하시는도다
> (시편 23:2)

하나님께서 목자시라면, 양의 목자인가요, 맹수들의 목자인가요? 부족한 것이 없다는 것을 양이 느끼는 것입니까, 맹수들이 느끼

는 것입니까? 여러분이 부족하다고 느끼는 이유는 양이 아니기 때문입니다. 늑대는 결코 푸른 풀밭에서 만족함을 못 느낍니다. 푸른 풀밭과 쉴 만한 물가는 나의 바람이나 꿈이 아닙니다. 하나님께서는 양을 부르셨지 늑대를 부르신 것이 아닙니다. 늑대가 풀밭에 와서 풀을 뜯어먹겠습니까? 사냥감을 찾으러 풀밭에 오기는 하겠지요. 맹수에게는 무엇인가 잡아먹기 위해 푸른 풀밭이 필요할 수는 있을 것입니다. 푸른 풀밭은 내 소망이나 꿈이 아니라 주님의 소망, 주님의 뜻입니다. 주님의 꿈은 주님의 손길을 통해 양에게 이루어집니다. 우리는 푸른 초원이 우리의 소원이라고 말합니다. 저 푸른 초원 위에 그림 같은 집을 짓고 살아가고자 하는 것이 우리입니다. 우리는 결코 푸른 풀밭으로 만족하는 법이 없습니다. 맹수처럼 내가 무엇을 하려고 합니다. 내가 풀밭에서 무엇인가를 취하려고 합니다.

> 3 내 영혼을 소생시키시고 자기 이름을 위하여 의의 길로 인도하시는도다 4 내가 사망의 음침한 골짜기로 다닐지라도 해를 두려워하지 않을 것은 주께서 나와 함께 하심이라 주의 지팡이와 막대기가 나를 안위하시나이다 (시편 23:3-4)

양들은 푸른 풀밭에서 하나님의 손길 아래 있지 않으면 맹수들에게 잡아먹힙니다. 양들은 스스로 보호할 수 없습니다. 주님의 손길이 없으면 풀밭에 누운 양은 맹수의 먹이가 됩니다. 누군가 지켜주기에 양들이 풀밭에 누울 수 있는 것입니다. 그럼 어떻게 해야 부족함이 없는 인생이 됩니까? 푸른 풀밭으로 인도하시는 하나님이 나의 현실이 되어야 합니다. 그래야 부족함 없는 인생이 됩니다. 푸른 풀밭이 현실이 아닙니다.

많은 사람들이 주님을 믿는다고 말합니다. 주님을 부르고 주님을 구합니다. 열심히 믿고, 정직하고 순결한 것 같지만, 결국 저 푸른 초원 위에 그림 같은 집을 구합니다. 그 풀밭에서 하나님을 구하는 사람을 찾아 보기는 힘듭니다. 그러나 양의 현실은 푸른 풀밭이 아니라 푸른 풀밭으로 인도하시는 하나님입니다.

86세의 아버지와 죽음에 대해 진지하게 이야기하는 시간을 가졌습니다. "아버지, 재정이 풍부하고, 건강하고, 자녀가 잘 되어서 많은 사람이 우러러보는 자리에 올라간다면, 지금 삶이 행복하고 부족함이 없다는 결론을 맺을까요?" 곰곰하게 생각하시더니 이렇게 대답했습니다. "그래도 재정이 넉넉하면 좋지, 자녀가 잘 되면 좋지, 많은 사람들에게 존경받고 인정받으면 좋은 거 아닌가?" 제가 다시 물었습니다. "아버지, 86년간 그것을 추구하고 사셨고, 86년간 그것을 위해 기도했고, 86년간 그것을 채우기 위해 사셨잖아요. 언제 그것이 채워질까요? 지금도 그것을 채우려고 달려가는 것이 맞는 것일까요? 최고의 권력가, 최고의 경영자, 최고의 예술가가 만족하던가요? 그런데 86년간 살아오신 아버지가 지금도 그것 있으면 행복할 것이라 여기고, 그것 때문에 주님 앞에 나아가고, 그것이 주님 앞에서 큰 비중을 차지하고, 그것을 구하는 것에 온통 마음을 썼다면 그것이 바른 믿음일까요?"

내 마음의 크기, 내 생각의 크기는 이 세상을 담고도 남습니다. 우리 마음은 하나님을 담지 않으면 결코 만족할 수 없도록 창조됐습니다. 그 주님이 마음에 채워지지 않는 것에 대해 두려움을 느껴야 합니다. 자녀와 건강과 돈이 채워져야 행복할 것이라고 생각하며 끊임없이 그것을 추구했던 것을 회개하는 것이 믿음입니다.

다윗은 아팠고 힘들었고 어려웠습니다. 그러다 하나님이 목자 되었을 때 부족함이 없다는 것을 알았습니다. 그래서 내 영혼을 소생시키시고 자기 이름을 위하여 의의 길로 인도하시는 하나님을 찬양합니다. 그럼 우리의 영혼이 언제 탈진됩니까? 세상의 오복(五福)[3] 때문에 탈진합니다. 우리 생각이 온통 세상에 머물러 있기 때문입니다. 주님을 바라본다는 열심 있으니 돈 달라고, 자녀 잘 되게 해 달라고 기도했습니다. 그렇게 구하는 게 뭐가 나쁘냐고요? 악한 것입니다. 그것이 있어야 행복하다고 여기는 마음 때문입니다. 자기가 정직하고 또 열심히 산다고 말하지만, 하나님이 아닌 다른 악한 것이 우리 마음을 점령한 것은 모릅니다. 세상의 오복에 점령당한 마

---

3 유교에서 이르는 다섯 가지의 복. 보통 수(壽), 부(富), 강녕(康寧), 유호덕(攸好德), 고종명(考終命)을 이르는데, 유호덕과 고종명 대신 귀(貴)함과 자손이 중다(衆多)함을 꼽기도 한다.

음을 먼저 회개해야 합니다.

 믿음의 사람은 사망의 음침한 골짜기를 많이 다닙니다. 그러나 재정, 자녀, 건강, 관계에 문제가 생길 때에도, 그것 때문에 두려움을 느끼는 것이 아니라, 내 안에 역사하시는 주님의 손길이 부족해지는 것을 오히려 두려워합니다. 그것이 믿음입니다. 사망의 음침한 골짜기에 있어도 그 상황은 하나님의 책임입니다. 하나님의 영역 안에 있는 것입니다. 나의 영역이 아닙니다. 다윗은 그것을 본 것입니다. 그래서 저는 힘이 납니다. 사망의 음침한 골짜기에 있어도 문제가 안 됩니다. 여호와가 나의 목자임이 분명하기 때문입니다. 주의 지팡이와 막대기가 있기 때문입니다. 에덴 밖에서 기쁨을 구하려는 헛된 욕망 따라가지 않고, 그리스도의 몸 안에 있을 때 예수님의 음성을 듣습니다. 마음이 주님께 붙어 있는 것입니다. 푸른 풀밭에 그림 같은 집을 짓고, 재정으로 내 마음이 옮아가려고 할 때마다 주님께 울면서 탄원해야 합니다. "문제와 상황에 마음 빼앗길 수 없습니다! 저는 주님이면 됩니다!"

> 5 주께서 내 원수의 목전에서 내게 상을 차려 주시고 기름을 내 머리에 부으셨으니 내 잔이 넘치나이다 6 내 평생에 선하심과 인자하심이 반드시 나를 따르리니 내가 여호와의 집에 영원히 살리로다
>
> (시편 23:5-6)

 양의 현실은 푸른 풀밭이 아닙니다. 양의 현실은 하나님입니다.

믿음의 사람들에게 푸른 풀밭은 비전이 아닙니다. 우리의 비전은 하나님입니다. 내가 주님께 '아만(Aman)[4]'했더니, 주님을 두 손으로 붙잡고 주님께 마음을 다 썼더니, 이 세상에 쓸 손이 없게 됩니다. 그때 주님께서 이 땅에 사는 우리의 삶에 역사하십니다. 나의 힘이신 여호와여 내가 주님을 사랑하나이다!

양이 양 되지 못하게 하는 것은 자기 욕구를 실현시키고자 하는 마음 때문입니다. 하나님이 나의 목자시니 부족함이 없다는 것은 단순한 선언이 아니라 실제 삶이 되어야 합니다. 그래서 생각과 마음이 중요합니다. 그래서 품는 것이 중요합니다. 무엇을 품느냐에 따라 양이 되느냐 이리가 되느냐 하는 것이 결정되기 때문입니다. 그래서 '너희 안에 이 마음을 품으라 곧 그리스도 예수의 마음이니'(빌립보서 2:5) 하신 것입니다.

품는다는 것은 이런 것입니다. 객관적으로 억울한 상황에 놓였습니다. 나의 잘못이 아닙니다. 그런데 누군가 내가 잘못했다고 말하면 어떻게 됩니까? 그 사람을 미워하게 됩니다. 물론 미운 생각이 들어올 수는 있습니다. 그러나 그 미운 생각을 계속하는 것은 품는 것입니다. 그것은 반드시 열매를 맺습니다.

---

4   '지탱하다', '확고해지다', '견고하다', '신뢰하다', '믿다'는 뜻의 히브리어 '아만'에서 '참되다', '진리다'라는 뜻의 '아멘'이 나왔다.

우울증이 오면 생각이 깊어집니다. 부정적인 생각이 특히 깊어집니다. 왜 그럴까요? 계속 품고 있기 때문에 생각이 깊어집니다. 하나님이 현실이 될 때만 다른 것을 품는 삶을 끊을 수 있습니다. 음란한 생각, 들어올 수 있습니다. 그러나 그 생각을 지속시키면, 어떤 조건이나 환경이 왔을 때 그 유혹을 받아들입니다. 품는 것은 어떤 생각을 지속시키는 것입니다. 푸른 풀밭에 대한 생각을 지속시키면, 결국 그 생각에 대한 결과를 맺습니다. 맹수는 주님의 함께하심과 주님의 인도하심이 목적이 아닙니다. 풀밭에서 잡을 것, 풀밭에서 무언가를 사냥하는 것이 목적입니다.

골리앗을 물리칠 때 다윗의 믿음의 실력이 실제로 드러납니다. 사울 왕과 선지자들, 수많은 믿음의 사람들이 여호와 체바우트[5] 이름 아래 모여 있었지만 전쟁터에서 믿음의 실력을 제대로 드러낸 사람은 다윗뿐이었습니다.

삶의 고통 가운데, 삶의 염려와 아픔 가운데, 무엇이 시급하다고 여겨지는 그때 믿음의 실력이 판가름납니다. 다윗에게 있는 믿음의 실력은 언제 쌓였을까요? 다윗이 양치기하면서 하나님과 단독자

---

5 '만군의 여호와'라는 뜻. '다윗이 블레셋 사람에게 이르되 너는 칼과 창과 단창으로 내게 나아 오거니와 나는 '만군의 여호와'의 이름 곧 네가 모욕하는 이스라엘 군대의 하나님의 이름으로 네게 나아가노라(사무엘상 17:45)

로 있을 때 쌓인 믿음입니다. "당신이 나의 목자이십니다, 온 우주에 가득한 하나님의 영광을 보기 원합니다, 자연의 순간순간마다 삶의 굽이굽이마다 역사하시는 하나님의 손길 보기 원합니다!" 그 단독자의 시간을 통해 믿음의 실력이 쌓인 것입니다. 주님의 마음을 품어야 합니다. "그리스도 예수의 마음을 품으라!" 영의 사람은 영의 일을 생각하고, 육신의 사람은 육신에 대한 일을 생각합니다. 하나님이 나의 목자라는 것을 경험하는 믿음 갖게 되기를 예수님의 이름으로 축복합니다.

믿음이라는 이름으로 예수님 이름을 불렀지만,
주님이 나의 목자가 아니었고
푸른 풀밭이 나의 꿈이었습니다.
주님, 푸른 풀밭에 그림같은 집을 짓는 것만 마음에 가득했습니다.
인정하고 돌이킵니다. 용서하여 주시옵소서.
양은 목자 되신 예수님의 음성을 듣고,
예수님의 마음을 품고,
예수님과 함께 믿음의 실력을 키워갑니다.
목자 되신 주님을 따르는 양이 되기를 소원합니다.
양의 현실은 목자요, 믿음의 현실은 하나님이라는 믿음의 실제를
일상에서 경험하게 하시옵소서.
예수님의 이름으로 기도드립니다. 아멘.

로마서 8:1-11

1. 그러므로 이제 그리스도 예수 안에 있는 자에게는 결코 정죄함이 없나니
2. 이는 그리스도 예수 안에 있는 생명의 성령의 법이 죄와 사망의 법에서 너를 해방하였음이라
3. 율법이 육신으로 말미암아 연약하여 할 수 없는 그것을 하나님은 하시나니 곧 죄로 말미암아 자기 아들을 죄 있는 육신의 모양으로 보내어 육신에 죄를 정하사
4. 육신을 따르지 않고 그 영을 따라 행하는 우리에게 율법의 요구가 이루어지게 하려 하심이니라
5. 육신을 따르는 자는 육신의 일을, 영을 따르는 자는 영의 일을 생각하나니
6. 육신의 생각은 사망이요 영의 생각은 생명과 평안이니라
7. 육신의 생각은 하나님과 원수가 되나니 이는 하나님의 법에 굴복하지 아니할 뿐 아니라 할 수도 없음이라
8. 육신에 있는 자들은 하나님을 기쁘시게 할 수 없느니라
9. 만일 너희 속에 하나님의 영이 거하시면 너희가 육신에 있지 아니하고 영에 있나니 누구든지 그리스도의 영이 없으면 그리스도의 사람이 아니라
10. 또 그리스도께서 너희 안에 계시면 몸은 죄로 말미암아 죽은 것이나 영은 의로 말미암아 살아 있는 것이니라
11. 예수를 죽은 자 가운데서 살리신 이의 영이 너희 안에 거하시면 그리스도 예수를 죽은 자 가운데서 살리신 이가 너희 안에 거하시는 그의 영으로 말미암아 너희 죽을 몸도 살리시리라

5. 마음에 품은 것은 결과를 낳는다

　　마음에 품은 것은 결과를 낳습니다. 마음에 품은 것은 반드시 열매를 맺습니다. 그래서 어떤 일을 할 때, 그 일을 왜 하는지 목적을 묻는 것은 지혜입니다. 오늘 설교를 통해 첫째, 내가 알든 모르든, 내 속에는 품은 것이 있다는 것! 둘째, 품은 것은 반드시 열매를 맺는다는 것! 셋째, 무엇을 어떻게 품을 것인가! 이 세 가지가 마음에 새겨지기를 축복합니다.

　　에덴에는 아담과 하와, 그리고 사탄이 있었습니다. 창세기 3장 1절에서 뱀은 가장 간교한 피조물로 묘사되어 있습니다. 간교함에는 반드시 '지혜'가 있습니다. 즉, 잘못된 방향으로 나아가게 하는 탁월함이 담겨 있습니다. '간교함'은 히브리어로 '아룸', 곧 신중하다는 뜻도 갖고 있습니다. 사탄에게는 '잘못된 방향으로 이끌어가고자 하는 신중하고도 탁월한 지혜'가 있다는 말입니다. 그래서 사탄은 하나님의 사람을 보더라도, 그 사람의 상태를 파악할 수 있는 지혜가 있습니다. 우리의 직임만이 아니라 우리의 영적인 상태도 알 수 있습니다. 그래서 우리 스스로 우리의 영적인 상태를 아는 것 또한 지혜입니다.

에덴에서 사탄은 아담이 아니라 하와에게 먼저 갔습니다. 아담과 하와 중에 누구를 먼저 속여 꾀면 타락시킬 수 있을 것이라는 간교한 지혜가 있었습니다. 여자라서 약해, 그런 것이 아니라, 하와가 더 쉽게 타락할 수 있는 상태에 있다는 안목이 사탄에게 있었던 것입니다. 우리 입장에서 보면 하와는 유혹을 당한 것입니다. 그런데 사탄의 입장에서 생각해보면 하와는 설득당한 것입니다. 하와가 만일 설득당하지 않고 마음을 지켰다면, 사탄 입장에서는 하와가 '강퍅'해서 넘어가지 않는다고 말했을 것입니다. 그러나 우리 입장에서는 '마음을 지키는' 일입니다. 사탄은 왜 하와에게 먼저 왔을까요?

> 여자가 그 나무를 본즉 먹음직도 하고 보암직도 하고 지혜롭게 할 만큼 탐스럽기도 한 나무인지라 여자가 그 열매를 따먹고 자기와 함께 있는 남편에게도 주매 그도 먹은지라 (창세기 3:6)

사탄이 하와를 꾀었기에 하와가 선악과를 보고 먹음직하다고 말한 것이 아닙니다. 하와는 평소 선악과를 볼 때 그런 마음을 가졌습니다. 하와의 마음에는 자기 나름대로 그린 선악과의 이미지가 있었습니다. 하나님이 말씀하신 선악과 그림이 아니었습니다. 그러니 사탄이 꾀었을 때, 유혹으로 느끼지 않고, 오히려 선악과를 차지할 수 있는 기회로 받아들입니다. 우리 안에 품고 있는 것을 선명하게 보지 못하면 사탄이 유혹할 때 기회로 받아들입니다. 그래서 마음을 지키는 것이 중요합니다.

> 모든 지킬 만한 것 중에 더욱 네 마음을 지키라 생명의 근원이 이에서 남이니라 (잠언 4:23)

마음을 '지킨다'는 것은 곧 빼앗기면 안 되는 '어떤 것'이 있다는 이야기입니다. 또 그것을 빼앗으려고 하는 '누군가'가 있다는 것입니다. 즉 빼앗으려는 주체가 있고, 빼앗으려고 하는 내용물이 있다는 것입니다. 누가 빼앗아갑니까? 그리고 무엇을 빼앗아가려고 하는 것입니까? 세상이 여러분의 마음을 빼앗아갑니다. 세상의 가치가 여러분의 마음을 빼앗아갑니다. 마음은 세상에 달라붙어 있을 수도 있고 주님께 붙어 있을 수도 있습니다. 마음을 세상에 둘 수도 있고 하나님께 둘 수도 있습니다. 마음이 세상에 기울어져 있을 수도 있고 하나님께 기울어져 있을 수도 있습니다.

그럼 마음은 어디에 있는 것입니까? 마음이 어디 있는 것이기에 하늘에 있기도 하고 또 세상에 있기도 할까요? 우리 몸 안에 있습니까? 사탄을 '공중 잡은 권세'라고 말합니다. 사탄이 공중을 잡았다는 것은 곧 우리 마음을 잡았다는 뜻입니다. 어떤 서점을 생각하면, 그 서점이 우리 몸 안에 있습니까? 미국에 있는 자녀를 생각하면 마음은 어디에 가 있는 것입니까? 마음은 공중에 있습니다. 공간을 초월합니다. 그래서 공중에 있는 우리 마음이 사탄에게 가 있을 수도 있고 하나님께 가 있을 수도 있습니다. 그래서 성경은 모든 지킬 만한 것 중에 더욱 네 마음을 지키라, 생명의 근원이 마음에서 난다고 하는 것입니다.

> 3 율법이 육신으로 말미암아 연약하여 할 수 없는 그것을 하나님은 하시나니 곧 죄로 말미암아 자기 아들을 죄 있는 육신의 모양으로 보내어 육신에 죄를 정하사 4 육신을 따르지 않고 그 영을 따라 행하는 우리에게 율법의 요구가 이루어지게 하려 하심이니라 5 육신을 따르는 자는 육신의 일을, 영을 따르는 자는 영의 일을 생각하나니 6 육신의 생각은 사망이요 영의 생각은 생명과 평안이니라
>
> (로마서 8:3-6)

사람에 따라 좋아하는 뉴스 분야도 다릅니다. 정치, 경제, 스포츠 등 자기가 좋아하는 뉴스에 따라 반응도 다릅니다. 외우려고 하지 않아도 연예 뉴스를 꿰고 있는 사람도 있습니다. 마음에 있으니

까 따로 공부하지 않아도 연예뉴스가 그냥 꿰어집니다. 마음에 품고 있는 것에 따라 우리가 반응하는 것입니다. 성적 탐닉에 대한 이미지를 품고 있을 때, 어떤 조건이 갖춰지면 그것을 기회로 여깁니다. 돈다발에 대한 이미지를 품고 있다면, 실제로 돈다발을 잡을 수 있을 것 같을 때 그것은 유혹이 아니라 기회로 받아들여집니다. 퇴직금을 사기당하는 이유는 평소 돈다발에 대한 이미지가 마음에 있었기 때문입니다. 마음에 품고 있는 내용이 무엇인지 알지 못하면 불법적인 이익에 대한 유혹을 오히려 좋은 기회로 삼습니다. 숨 쉬고 있으나, 영의 사람이 아니면 죽은 것입니다. 영이 살아 있고 생명이 숨 쉬고 있다고 말할 수 있는 증거가 무엇입니까? 종교적인 열심, 기도, 헌신, 예수님 이름을 부르는 것, 성경은 그런 것이 살아 있는 것이라고 말하지 않습니다.

> 1 그러므로 이제 그리스도 예수 안에 있는 자에게는 결코 정죄함이 없나니 2 이는 그리스도 예수 안에 있는 생명의 성령의 법이 죄와 사망의 법에서 너를 해방하였음이라 (로마서 8:1-2)

'예수 안에 있는 자'가 있고 '예수 밖에 있는 자'가 있습니다. 예수님 밖에 있는 사람도 예수님을 보고 압니다. 그런데 예수님 '안에' 있을 때에만 '결코' 정죄함이 없다고 하십니다. 정죄당하지 않는다는 말씀은 곧 죄로 말미암아 하나님의 진노를 당하지 않는다는 것이고, 하나님과 친밀한 사귐이 있기에 천국에 간다는 이야기입니다.

예수님 '밖에' 있는 사람은 하나님과 이런 친밀한 사귐이 있을 수 없습니다. 목사님들 사이에서도 예수님 이야기로 꽃피우기가 쉽지 않을 때가 많습니다. 많은 사람들이 예수님과 복음을 말하지만 십자가 복음이 실제 삶을 이끌어가고, 복음으로 실제 삶의 마침표를 찍는 믿음을 보기는 어렵습니다. 십자가가 빠진 복음이 강화된 시대입니다. 믿음 이야기하고 열심도 있고 선한 행실도 있고 특별한 흠도 없어 보입니다. 그러나 십자가 복음은 없습니다.

거라사 지방 귀신이 하나님의 아들 예수를 알아보고, 달려와 엎드려 경배합니다. 달려와 엎드리는 그 태도는 여러분보다 훨씬 좋았던 것 같습니다. 그리고 크게 외쳐 탄원했습니다. 간절했습니다. 귀신도 하나님의 아들을 알아보고 경배하며 기도했습니다. 이 귀신의 본적지는 천국입니다. 천국에서 쫓겨났기 때문입니다. 그런데 그 귀신이 하나님의 아들 예수여, 당신이 우리와 무슨 상관있나이까! 하고 말합니다. 귀신은 예수님과 연합하여 예수님을 아는 것이 아닙니다. 그냥 예수님을 아는 것과 예수님 안으로 들어가 연합하여 예수님을 아는 것은 다릅니다.

예수를 그냥 아는 사람은, 종교적 열심도 있고 착할 수도 있습니다. 재정 문제나, 건강, 자녀 문제 생기면 온 힘을 다해 기도하지만 그것은 문제 해결을 위한 열심이지 믿음은 아닙니다. 장로님과 권사님과 집사님들이 실제 삶에서 부르짖는 문제가 해결된 뒤에 그 믿음이 실제로 어떻게 되었는지 너무 많이 봤습니다.

> 21 다시 이르시되 내가 가리니 너희가 나를 찾다가 너희 죄 가운데서 죽겠고 내가 가는 곳에는 너희가 오지 못하리라 22 유대인들이 이르되 그가 말하기를 내가 가는 곳에는 너희가 오지 못하리라 하니 그가 자결하려는가 23 예수께서 이르시되 너희는 아래에서 났고 나는 위에서 났으며 너희는 이 세상에 속하였고 나는 이 세상에 속하지 아니하였느니라 24 그러므로 내가 너희에게 말하기를 너희가 너희 죄 가운데서 죽으리라 하였노라 너희가 만일 내가 그인 줄 믿지 아니하면 너희 죄 가운데서 죽으리라 (요한복음 8:21-24)

많은 사람이 예수님을 찾고 찾아도 못 만나고 죄 가운데 죽는다고 말씀하십니다. 유대인들이 엉뚱한 이야기를 할 때, 예수님께서는 소속의 문제를 말씀하십니다. 세상에 속해 있음에도 예수님을 찾는 사람이 많다는 것입니다. 예수님께서는 문제 해결을 위해 당신을 찾는 사람이 아니라 세상에 속하지 않은 사람을 만나주십니다. 실제로는 세상에 속했는데도, 재정과 건강, 자녀와 삶의 지위를 위해 주님 앞에서 열심을 내면서 하늘에 속한 것으로 착각하는 사람들이 너무 많습니다.

> 내가 그들을 위하여 비옵나니 내가 비옵는 것은 세상을 위함이 아니요 내게 주신 자들을 위함이니이다 그들은 아버지의 것이로소이다

(요한복음 17:9)

내가 아버지의 말씀을 그들에게 주었사오매 세상이 그들을 미워하였사오니 이는 내가 세상에 속하지 아니함 같이 그들도 세상에 속하지 아니함으로 인함이니이다. (요한복음 17:14)

예수님께서는 세상이 아니라 하늘에 속한 이들을 위해 중보하고 계십니다. 그런데 우리는 그냥 예수님을 믿는다고 말하고 예수님을 구하면, 예수님이 나를 위해 무언가 해주실 것이라는 근거 없는 믿음을 갖고 있습니다. 아닙니다. 예수님은 하나님께 속한 사람을 위해 기도하고 계십니다. 하나님 보좌 옆에서 하나님께 속한 자들을 위해 중보하고 계십니다. 세상에 속한 자들을 위해 중보하시는 것이 아닙니다.

예수님께서 하늘에 속한 자들을 위해 중보하시기에 하나님께 속한 사람들은 "주님께서 나를 바라보신다, 나를 사랑하신다"며 기뻐할 수 있습니다. 세상에서 욱여쌈을 당하고 있더라도 "주님께서 나를 알아주셔, 주님께서 나를 중보하셔" 그 마음이 느껴져 이 세상을 넉넉하게 살아갈 수 있게 됩니다.

세상에 속하지 않은 사람이 어찌 세상을 마음에 품겠습니까? 어찌 마음에 재정만 품고, 건강만 품겠습니까? 구원은 받는 것이요 표시 나는 것입니다. 소속은 분명한 것입니다. 하나님께 속한 자는 이렇게 말합니다. "하나님, 내가 하늘에 속한 자인데, 마음에 자꾸 세상을 품게 돼요, 그것 때문에 괴로워요." 믿음은 그렇게 표시 나는 것입니다. 세상을 품고 있으면서, 예수님을 끌어다가 세상을 더 품고, 십자가를 끌어다가 세상을 더 품는 것은 말이 안 됩니다. 정말 구원 받은 사람은, 예수 안으로 들어간 사람은, 자기가 약한 것을 압니다. 하늘에 속해 있는데 왜 자꾸 세상을 품게 될까! 그래서 주님께 탄원하는 것입니다. "이것 아니잖아요, 하나님, 이것 고쳐주셔야 해요, 이것 새롭게 해주셔야 해요!" 최소한 이렇게 기도하셔야 하늘에 속한 사람입니다.

> 7 육신의 생각은 하나님과 원수가 되나니 이는 하나님의 법에 굴복하지 아니할 뿐 아니라 할 수도 없음이라 8 육신에 있는 자들은 하나님을 기쁘시게 할 수 없느니라 9 만일 너희 속에 하나님의 영이 거하시면 너희가 육신에 있지 아니하고 영에 있나니 누구든지 그리스도의 영이 없으면 그리스도의 사람이 아니라 10 또 그리스도께서 너희 안에 계시면 몸은 죄로 말미암아 죽은 것이나 영은 의로 말미암아 살아 있는 것이니라 11 예수를 죽은 자 가운데서 살리신 이의 영이 너희 안에 거하시면 그리스도 예수를 죽은 자 가운데서 살리신 이가 너희 안에 거하시는 그의 영으로 말미암아 너희 죽을 몸도 살리시리라 (로마서 8:7-11)

이제 설교가 귀에 들려지기를 축복합니다. 교회의 크기와 관계없이 하나님의 메시지가 들려야 합니다. 너무 괴롭습니다. 수많은 메시지가 어떤 방향으로 가고 있는지도 모르고, 사탄의 간교함에 속아 유혹과 기회도 구별 못 하고, 예수님 이름 끌어다가 유혹을 기회로 삼으려는 몸부림을 보면 너무 괴롭습니다.

> 1 그러므로 너희가 그리스도와 함께 다시 살리심을 받았으면 위의 것을 찾으라 거기는 그리스도께서 하나님 우편에 앉아 계시느니라 2 위의 것을 생각하고 땅의 것을 생각하지 말라 3 이는 너희가 죽었고 너희 생명이 그리스도와 함께 하나님 안에 감추어졌음이라
>
> (골로새서 3:1-3)

말씀을 그냥 귀로만 듣지 마십시오. "내가 거듭났으면 위의 것을 찾겠구나, 그런데 내가 땅의 것을 자꾸 갈망하는 것을 보니 나는 거듭난 사람이 아닐 수도 있겠구나." 이것을 아는 것이 은혜입니다. 우리는 세상에 살고 있기 때문에 이 세상을 품을 수 있습니다. 그러나 하나님의 사람들은 세상이 마음에 품어지는 것이 괴롭습니다. 그래서 주님께 간절하게 기도하게 됩니다.

생명이 하나님 안에 감추어진 사람은 하늘을 지향합니다. 전능하신 하나님과 함께하는 것, 하나님이 나를 바라보고 계신다는 것, 문제보다 크신 하나님이 반드시 내 삶에 개입하신다는 것, 그 믿음

이 마음에 품어지기를 축복합니다. 품고 있는 것은 결과를 낳습니다. 위의 것을 품는 사람은 징표가 있어서, 주님으로부터 만족함이 있어 두려움과 염려가 떠나가고, 삶에 개입하시는 하나님의 역사를 바라보고 기뻐할 수 있는 실제 힘을 공급받습니다.

| 여름의 장 |

믿음의 실력은 삶에서 나타난다

6. 예수 믿는데, 변하지 않을 수 있다? 스가랴 8:1-8
7. 예수 믿는데, 여전히 두려워한다? 출애굽기 14:10-14
8. 예수 믿는데, 중심의 변화가 없다? 고린도후서 5:17, 요한복음 10:22-27
9. 예수 믿는데, 남은 삶을 맡길 수 없다? 사도행전 20:25-32
10. 예수 믿는데, 하나님의 마음을 모른다? 호세아 6:1-3

스가랴 8:1-8

1 만군의 여호와의 말씀이 임하여 이르시되
2 만군의 여호와가 이같이 말하노라 내가 시온을 위하여 크게 질투하며 그를 위하여 크게 분노함으로 질투하노라
3 여호와가 이같이 말하노라 내가 시온에 돌아와 예루살렘 가운데에 거하리니 예루살렘은 진리의 성읍이라 일컫겠고 만군의 여호와의 산은 성산이라 일컫게 되리라
4 만군의 여호와가 이같이 말하노라 예루살렘 길거리에 늙은 남자들과 늙은 여자들이 다시 앉을 것이라 다 나이가 많으므로 저마다 손에 지팡이를 잡을 것이요
5 그 성읍 거리에 소년과 소녀들이 가득하여 거기에서 뛰놀리라
6 만군의 여호와가 이같이 말하노라 이 일이 그 날에 남은 백성의 눈에는 기이하려니와 내 눈에야 어찌 기이하겠느냐 만군의 여호와의 말이니라
7 만군의 여호와가 이같이 말하노라 보라, 내가 내 백성을 해가 뜨는 땅과 해가 지는 땅에서부터 구원하여 내고
8 인도하여다가 예루살렘 가운데에 거주하게 하리니 그들은 내 백성이 되고 나는 진리와 공의로 그들의 하나님이 되리라

6. 예수 믿는데, 변하지 않을 수 있다?

예수님을 만났는데, 창조주 하나님을 만났는데, 삶에 아무 변화가 없고 삶의 가치가 바뀌지 않는 것이 가능할까요? 믿음이 있다면 스스로 묻고, 자신에게 어떤 변화가 있었는지 구체적으로 진술할 수 있어야 합니다. "내가 참았어, 고쳤어, 애썼어" 하는 의미가 아니라 "복음 때문에 이것이 바뀌었다"고 진술할 수 있어야 믿음입니다. 예수님을 주라고 고백하고 봉사하고 헌신하는데 삶이 바뀐 것이 없다면, 오늘 말씀을 통해 이유를 보게 될 것입니다.

남과 북의 두 정상이 만나는 역사적 순간을 봤습니다. 정상들의 만남은 민족 전체를 좌지우지할 수 있는 큰 영향력이 있습니다.

증오를 심어주면서 순결함을 강조하는 말에 속지 않고 기도하셔야 합니다. 주님께서 주신 소중한 기회입니다. 북한을 향해 수십 년간 기도해 왔습니다. 한반도에서는 남북 정상이 아니라 북한과 미국의 만남이 고비입니다. 북미 정상의 만남에서 구체적인 핵폐기 일정이 나오고, 정전협정이 평화협정으로 바뀔 수 있도록 기도해야 합니다. 우상이 판을 치는 북한 땅에 하나님의 사랑이 들어갈 수 있도록 문을 여시고 계십니다. 경제, 체육, 문화 교류뿐만 아니라 종교 교류도 시작될 것입니다. 십자가 복음으로 무장한 순전한 주의 종들이 준비되어야 합니다. "북한에 또 속아, 또 속아?" 이런 말에 현혹되지 말고, 하나님께서 주신 소중한 기회가 소멸되지 않게 해달라고 기도하셔야 합니다. 정상들 만남의 영향력은 아주 큽니다. 나라와 민족을 새로운 평화로 이끌어갈 수도 있고 전쟁의 국면으로 몰아갈 수도 있습니다. 그런데 한 나라의 정상이 아니라 창조주 하나님을 만났는데 아무 일도 일어나지 않는다는 것이 가능한 일일까요? 불가능한 그 일이 실제로 일어나고 있는 것을 저는 보고 있습니다.

> 1 만군의 여호와의 말씀이 임하여 이르시되 2 만군의 여호와가 이같이 말하노라 내가 시온을 위하여 크게 질투하며 그를 위하여 크게 분노함으로 질투하노라 3 여호와가 이같이 말하노라 내가 시온에 돌아와 예루살렘 가운데에 거하리니 예루살렘은 진리의 성읍이라 일컫겠고 만군의 여호와의 산은 성산이라 일컫게 되리라
>
> (스가랴 8:1-3)

하나님께서 시온을 '위하여' 크게 질투하신다고 하십니다. 시온은 하나님의 다스림이 있는 곳이고, 하나님의 사람들이 있는 곳입니다. 하나님께서는 그 시온을 위하여 질투하고 분노하셨습니다. 3절을 보면 하나님께서 시온으로 돌아오셨습니다. 인간들이 완악함과 돌이키지 않음을 보시고 하나님께서 시온을 떠나 계셨는데 죄와 벗하고 사는 그들이 너무 안타깝고, 오히려 질투를 느껴서 돌아와 거하십니다. 거하신다는 것은 '임재'입니다. 우리 마음에 하나님의 뜻을 불어 넣어 주시는 것입니다.

> 21 아들을 낳으리니 이름을 예수라 하라 이는 그가 자기 백성을 그들의 죄에서 구원할 자이심이라 하니라 22 이 모든 일이 된 것은 주께서 선지자로 하신 말씀을 이루려 하심이니 이르시되 23 보라 처녀가 잉태하여 아들을 낳을 것이요 그의 이름은 임마누엘이라 하리라 하셨으니 이를 번역한즉 하나님이 우리와 함께 계시다 함이라
>
> (마태복음 1:21-23)

예수님의 초림을 말하는 장면입니다. 예수님은 우리를 죄로부터 구원하실 구원자이십니다. 임마누엘은 '함께하신다'는 뜻으로 구원의 역사를 말합니다. 그래서 예수님을 만나면, 1차적으로 죄를 각성하게 됩니다. 죄로부터 구원받았으니, 죄에 대해 민감해집니다. 물에 빠져 죽을 뻔한 사람이 구조됐다면, 물에 대한 인식이 분명해집니다. 트라우마까지 생길 정도로 물에 대한 분명한 인식이 생깁니

다. 이처럼 죄로부터 구원받는 것도 아주 구체적인 일입니다. 죄에 대해 둔감하고 덤덤하다는 것은 있을 수 없습니다.

그런데 우리는 죄 한 자락도 못 이깁니다. "이제 잘 살아야지, 이젠 믿음으로 살아야지, 죄를 이겨야지" 하고 다짐합니다. 그러나 그렇게 노력해도 죄를 이길 수 없습니다. 컨디션이 좋으면 어느 순간까지는 죄를 제어할 수 있겠지만 결코 못 이깁니다. 사람이 곧 죄, 사람이 곧 죄인이라 죄를 이기지 못합니다. 죄성이 남아 있어서 감각적인 것을 쫓아가고, 죄에 대한 욕구가 끊임없이 일어나는 자아를 보게 되면 하나님의 사람은 놀라게 됩니다. 수영을 못하는 사람이 물에서 구조 받았는데 다시 물에 빠지는 상황이 되면 겁나고 무서운 것과 똑같습니다. 죄에 대해 어떻게 해볼 수 있는 능력이 없기에 우리는 주님을 찾습니다. 죄를 극복하고 제어하는 것이 아닙니다. 죄가 들어오는 그때 "큰일났어요 주님, 절망이에요, 그래서 예수님이 필요해요!"라고 말하는 것이 믿음입니다.

> 4 만군의 여호와가 이같이 말하노라 예루살렘 길거리에 늙은 남자들과 늙은 여자들이 다시 앉을 것이라 다 나이가 많으므로 저마다 손에 지팡이를 잡을 것이요 5 그 성읍 거리에 소년과 소녀들이 가득하여 거기에서 뛰놀리라 6 만군의 여호와가 이같이 말하노라 이 일이 그 날에 남은 백성의 눈에는 기이하려니와 내 눈에야 어찌 기이하겠느냐 만군의 여호와의 말이니라 7 만군의 여호와가 이같이 말

> 하노라 보라, 내가 내 백성을 해가 뜨는 땅과 해가 지는 땅에서부터 구원하여 내고 8 인도하여다가 예루살렘 가운데에 거주하게 하리니 그들은 내 백성이 되고 나는 진리와 공의로 그들의 하나님이 되리라
> (스가랴 8:4-8)

예루살렘이 '진리의 성읍'이 되었다고 하셨습니다. 예루살렘은 하나님의 사람들이 사는 곳입니다. 하나님의 통치가 있는 곳입니다. '성읍'이란 입체적이고 총체적인 삶의 현장입니다. 일산에는 교회만 있는 것이 아닙니다. 학교, 공공기관, 공장, 회사, 가게, 라면집도 있고 여가를 보낼 수 있는 공간도 있고 공원도 있고, 여흥을 즐길 수 있는 곳도 있습니다. 성읍이란 삶의 총체적인 자리입니다.

하나님의 임재가 있으면 첫째, 죄에 대해 민감해지고 둘째, 삶의 총체적인 자리에 진리가 임하게 됩니다. 즉, 교회에서만 폼 잡는 것이 아니라, 학교와 회사, 삶의 모든 곳에서 진리가 이루어지는 것을 볼 수 있고, 그것을 보지 못하면 괴로워하게 됩니다. 긴장을 풀고 여가를 즐기는 시간에도 진리로 통제받는 사람이 하나님의 사람입니다. 그럼에도 삶에서 문제가 일어납니다. 진리 가운데 살고 싶은데 현실에서 안 됩니다. 그때 진리의 사람은 돈으로, 인맥으로, 능력으로, 권력으로 문제를 풀지 않습니다. 지금까지 돈으로 문제를 풀었다면, 이제는 말씀으로 문제를 풀어가야 합니다. 문제를 풀어가는 방식이 바뀌는 것이 임재의 표시입니다.

감정은 하나님께서 주신 놀라운 축복입니다. 애틋한 마음을 표현하게 하고, 긍휼하게 여기게 하고, 슬픈 마음에 공감하게 합니다. 감정은 분명히 사람과 사람 사이를 이어주는 귀중한 통로가 됩니다. 그러나 이 감정이 옳고 그름을 분별해주지는 못합니다. 그럼에도 감정은 좋은 것을 따라갑니다. 내가 보기에 좋은 것을 취하고, 자신에게 잘해주는 사람을 따라가게 합니다. 그러나 하나님의 사람은 진리로 통제받아야 합니다. 진리로 통제받지 않은 감정은 위험합니다. A가 B와 친하고 C와도 친해도, A는 결국 둘 가운데 자신과 더 가까운 사람을 따라갑니다. 아닙니다. 우리는 진리로 통제받아야 합니다. 진리이신 예수님의 말씀을 따라야 합니다. 예수님은 교회의 머리이십니다.

그럼에도 "내 욕구가 세상에 있어요, 자꾸 해결하는데 초점이 생겨요" 하고 말하게 되는 상황이 올 것입니다. 하나님의 사람은 그때에도 안주하지 않고 포기하지 않습니다. "주님, 제가 이럴 수 없어요!" 하고 말씀으로 돌아와야 합니다. 구원받은 사람은 죄에 대해 민감합니다. 또 하나님의 말씀이 총체적인 삶의 자리에 영향을 미칩니다. 삶의 모든 자리에서 진리로 통제받기를 원하게 됩니다. 그렇다면 왜 그런 일이 여러분에게 드물게 일어날까요?

3절에서 여호와의 산은 성산이라고 하셨습니다. 솔로몬의 성전이 세워진 산이 모리아 산입니다. 모리아 산은 아브라함이 이삭을 잡으려던 곳입니다. 이삭은 아브라함이 가장 사랑한 사람이었습니다. 아브라함의 심장이요 목숨과도 같은 존재가 이삭이었습니다. 조금 과장해서 말하면 저에게는 '목회'가 이삭이었습니다. 부르심을 오해했을 때 일어난 일이었습니다. 저는 '목회'에 대해 충성했습니다. 목회가 사명이요 부르심인 줄 알았습니다. 그러나 제 사명은 목회가 아니었습니다. 주님 곁으로 부르심이 사명이었습니다. 알고 보니 목회는 제 욕망이었습니다. 교회를 잘 이끄는 목회를 순결하게 생각했지만 결국 제 욕망이었습니다. 긴 암흑의 터널을 지나왔습니다. 하나님을 의심하지는 않았지만, 바늘 한 끝만큼도 주님이 계신다는 것을 느끼지 못한 시간이 1년 이상이었습니다. 간절하게 금식하고 기도해도 느낌이 없었습니다. 죄가 들어올 때 금식하고 자복하고 통회하면 마음이 어느 정도 시원해지는 법인데, 그때는 부르짖어도 아무런 느낌이 없었습니다. 바람이 스치듯 살짝이라도 주님 계시는 것 보여주시면 좋겠다고 간절히 기도했지만 아무것도 느낄 수 없었습니다. 그 시간을 통해 교회와 목회에 대한 제 마음이 죽었습니다. 이삭과도 같았던 제 목회가 죽었습니다. 십자가에서 그것이 죽음으로 목회와 교회 프로그램들이 아무 의미가 없어졌습니다. 그런 뒤에 주님께서 말씀하시는 것이 들리기 시작했습니다. 지금은 교회 예배당 건축에 대한 욕심도 생겨나지 않습니다. 어떻게 하면 잘 지을까 하는 그런 마음도 생겨나지 않습니다.

마음에 가득한 것을 죽이고 난 뒤부터는 주님께서 무언가 말씀해 주시지 않는 것이 가장 괴롭습니다. 여러분도 가장 사랑하는 대상이 십자가에서 처리되기를 축복합니다. 제가 가장 사랑했던 대상인 목회가 마음에서 죽고나자 이번에는 제 마음에서 딸이 보였습니다. '딸 은총이 여기 있어~' 하고 속에서 올라옵니다. 마음에 딸이 가득했습니다. 딸을 마음에서 죽이는 것도 아주 힘들었습니다. 딸을 마음에서 죽이고 난 뒤 마음에 깊이 팬 흔적을 보게 됩니다. 그런데 그 후에 딸을 주장하시고 다스리시는 하나님의 손길을 보기 시작합니다. 예전에는 딸의 기분에 따라 제 기분이 좌우됐습니다. 아브라함의 마음을 봤습니다. 모질고 잔인한 마음이 아니었습니다. 그러나 마음에서 딸을 떼어낸 뒤에는 달랐습니다. 하나님께서 더 강력하게 딸에게 역사하시고, 저보다 훨씬 더 친근하게 딸을 다루어가시는 것을 보게 됐습니다. 아브라함도 이삭이 이삭이 되도록, 축복의 통로가 되도록 죽인 것입니다. 모리아 산에서 가장 사랑하고 아끼는 것을 십자가에 못 박은 것입니다. 십자가에서 사랑하는 것들을 못 박았더니, 예수님께서 주신 교회가 따로 있고, 예수님께서 주신 딸이 따로 있고, 예수님께서 주신 성전이 따로 있었습니다. 그때 기뻐하고 감사하고 기대하며 나아갑니다. 그것이 믿음입니다.

예수 만나고 예수 믿으면 십자가에서 죽고, 예수님께서 주신 무엇인가를 보고 달려가게 됩니다. 누가복음 15장에 집을 나간 탕자의 비유가 나옵니다. 둘째 아들이 집에 나가기 전에는 아버지 집에서 살았습니다. 아버지의 안전한 보호와 지지, 전폭적인 사랑을 받았습니다. 그런데 둘째 아들은 아버지 집에 있었음에도 아버지가 아니라 아버지 재산에 시선이 가 있었습니다. 우리가 예배당에 있지만, 우리 시선도 우리가 가장 사랑하는 그것에 가 있습니다. 가장 사랑하는 그것을 채우기 위해 하나님의 능력에 우리 시선이 가 있다는 것을 인정해야 합니다. 아버지를 주목하지 못하고, 아버지 재산에 주목한 아들은 반드시 뛰쳐나가고 타락하게 되기 때문입니다. 아버지의 집에서 뛰쳐나갔던 둘째 아들은 망했습니다. 아무 소망도 없고, 귀하게 여길 만한 것이 남아 있지 않았습니다. 쫄딱 망했습니다. 아버지의 사랑과 보호를 받지 못하고 절망 가운데 있었습니다. 그러나 아들의 시선이 재산이 아니라 아버지에게 온전히 돌아왔을 때, 둘째 아들은 다시 회복할 수 있었습니다. 아버지 품안에서 기쁨을 누릴 수 있었습니다.

우리 시선도, 믿음의 주요 온전케 하시는 주님께 가 있어야 합니다. 세상 다른 것이 자꾸 보일 때 주님 바라봐야 합니다. 교회에서든 회사에서든 집에서든, 주님을 바라보는 시선이 확장되어야 합니다. 가장 사랑하고 소중하게 여기는 것을 십자가에 못 박게 되면 진리가 우리를 사로잡고 통제하여 이끌어가기에 생명의 역사가 일어납니다.

회개하지 않는 자는 고집 때문에 진노를 쌓고 있는 것입니다. 또 죄에 민감하지만 회개하지 않는 사람도 있습니다. 그런 사람은 회개하지 않음을 먼저 회개하십시오. 우리가 회개하지 않으니까 죄에 점점 민감하지 못하게 됩니다. 회개하지 않으니까 하나님의 생각과 마음이 들리지 않습니다. 마음에 화가 올라오든 욕구가 올라오든 돌이키셔야 합니다. 회개의 힘을 달라고 구하는 것이 아닙니다. 회개는 그냥 하는 것입니다. 회개는 의지입니다. 우리는 고집 때문에 회개하지 않습니다. 회개하지 못하는 자신까지도 회개하기를 예수님의 이름으로 축복합니다.

병든 자아를 믿음으로 여기고,
병든 자아로 안심했던 헛믿음을 돌이킵니다.
병든 믿음 내던집니다.
내가 사랑한 것, 내 마음에 가득한 것,
십자가에 내던집니다.
능력만 구했던 철없던 믿음을 용서하여 주시옵소서.
믿음의 실제를 보기 원하오니 기름 부어 주시옵소서.
예수님의 이름으로 기도드립니다. 아멘.

출애굽기 14:10-14

10 바로가 가까이 올 때에 이스라엘 자손이 눈을 들어 본즉 애굽 사람들이 자기들 뒤에 이른지라 이스라엘 자손이 심히 두려워하여 여호와께 부르짖고
11 그들이 또 모세에게 이르되 애굽에 매장지가 없어서 당신이 우리를 이끌어 내어 이 광야에서 죽게 하느냐 어찌하여 당신이 우리를 애굽에서 이끌어 내어 우리에게 이같이 하느냐
12 우리가 애굽에서 당신에게 이른 말이 이것이 아니냐 이르기를 우리를 내버려 두라 우리가 애굽 사람을 섬길 것이라 하지 아니하더냐 애굽 사람을 섬기는 것이 광야에서 죽는 것보다 낫겠노라
13 모세가 백성에게 이르되 너희는 두려워하지 말고 가만히 서서 여호와께서 오늘 너희를 위하여 행하시는 구원을 보라 너희가 오늘 본 애굽 사람을 영원히 다시 보지 아니하리라
14 여호와께서 너희를 위하여 싸우시리니 너희는 가만히 있을지니라

7. 예수 믿는데, 여전히 두려워한다?

예수님을 알고, 예수님을 경험하고, 예수님과 한 몸이 되었는데 염려가 우리를 지배할 수 있을까요? 결코 그럴 수 없습니다. 그럼에도 우리 실존은 재정 때문이든 건강 때문이든 염려가 있습니다. 그 염려와 두려움이 정상이 아니라면, 그것을 이겨낼 수 있는 길은 없을까요? 있습니다. 그 길이 발견될 때 나의 믿음 없음을 돌이켜 애통해 하고, 새롭게 하실 하나님의 솜씨를 기대하시기를 축복합니다.

> 바로가 가까이 올 때에 이스라엘 자손이 눈을 들어 본즉 애굽 사람들이 자기들 뒤에 이른지라 이스라엘 자손이 심히 두려워하여 여호와께 부르짖고 (출애굽기 14:10)

'나와 함께할 수 없겠니? 네 마음을 나에게 줄 수 없겠니?' 하나님께서 출애굽 사건을 통해 당신의 이런 마음을 보여주십니다. 하나님께서 출애굽기에서 자주 반복해서 하시는 말씀이 있습니다. '나는 애굽의 종 되었던 너희를 인도하여 낸 네 하나님 여호와니라' 하나님께서는 하나님과 우리의 관계성을 강조해 말씀하십니다.

출애굽 사건은 히브리 백성이 용병술로 애굽을 이긴 것이 아닙니다. 출애굽 역사는 하나님이 초자연적인 10가지 재앙으로 당대 최강의 나라 애굽을 제압한 사건입니다. 그 누구도 부인할 수 없고, 핑계 댈 수 없는, 하나님의 초자연적인 역사로, 누구나 인정할 수밖에 없는 일련의 일들을 통해 당신의 백성들을 이끌어내신 것입니다.

10가지 재앙은 앞글자만 따서, '피 개 이 파 악 독 우 메 흑 장[6]'이라고 말하기도 합니다. 하나님께서 10가지 재앙을 통해 일하신 까닭은 어마어마한 힘과 능력을 갖고 계셨기 때문일까요? 거기에는 하나님의 섬세함이 담겨 있습니다. 만약 10가지가 아니라 한두 가

---

6   나일강이 피로 변한 재앙. 당시 나일강 중심으로 우상이 번성했습니다. 애굽에선 개구리 머리를 가진 신을 섬겼기에 개구리들을 왕과 왕궁에서 죽게 했습니다. 티끌을 치니 이가 득실거리게 됐습니다. 파리떼가 애굽에 가득하게 됐습니다. 악질 창궐로 많은 동물이 죽었습니다. 독종(악성 종기)이 사람들 피부에 생겼습니다. 우박이 내렸습니다. 메뚜기가 채소와 곡식이 있는 밭을 쑥대밭으로 만들었습니다. 흑암의 재앙으로 사흘 동안 어둠이 계속됐습니다. 장자가 죽임을 당했습니다.

지 정도의 재앙을 통해 역사를 마치셨다면, "무슨 기적이 있었어? 나는 못 봤는데? 어쩌다 일어나는 자연 현상 아냐?" 이렇게 말하는 사람도 생길 수 있었겠지만 10가지 재앙은 그런 주장까지도 원천봉쇄합니다.

하나님께서는 430년 동안 종살이 했던 히브리 백성을 애굽에서 이끌어내셨습니다. 귀금속도 다 갖고 나올 수 있게 하셨습니다. 그쯤 되면 하나님의 역사를 의심하지 않고, 이제 어떻게 해야 하느냐고 하나님 앞에서 겸손해지는 것이 당연할 것입니다. 그러나 출애굽이라는 놀라운 역사를 경험하고도 백성들은 두려운 일이 닥치니까 여지없이 무너집니다. 그동안 알고 있었던 하나님에 대한 지식과 믿음이 온데간데없이 사라집니다. 진리가 이해됐다고 해서 그 진리가 내 것 된 것이 아닙니다. 복음을 설명할 수 있다고 그 복음이 나의 것은 아닙니다. 믿음을 아는 것과 실제 그 사람이 믿음의 사람인지는 별개의 문제입니다. 즉, 나라는 사람 하나 변화시키지 못하는 믿음은 믿음이 아닙니다. 천지를 창조하신 하나님께서 당대 최강의 나라 애굽을 굴복시키신 것을 직접 보고 경험했는데, 실제 염려가 다가오니 두려워한다면, 그것을 실제 된 믿음이라고 말할 수 있겠습니까?

회사에 부도가 나거나 어떤 문제가 생기니까, 믿음이 들통 나서 믿음은 온데간데없이 사라져버리고, 아무 힘도 발휘하지 못하는 상태는 비정상적입니다. 실제 되지 못한 믿음은 귀신같은 믿음입니다. 절대 구원받지 못합니다. 성경에서는 귀신같은 믿음이 있는 자를 불법을 행하는 자들이라고 꾸짖습니다. 예수님께서도 그런 자들을 도무지 알지 못한다고 말씀하십니다.(마태복음 7:23)

이스라엘 백성들은 바로왕과 군대가 '가까이' 올 때 두려워했습니다. 몇 년 전 이웃나라 일본에 지진해일(쓰나미)이 왔을 때, 일본 국민이 느끼는 실제 두려움은 아주 컸을 것입니다. 뉴스로 보는 우리와 실제 그 고통을 당한 일본 국민이 체감하는 정도는 다를 수밖에 없습니다. 애굽에 내려진 10가지 재앙은 애굽 사람이 실제 경험했습니다. 하나님께서는 이스라엘 백성들이 살던 고센 땅은 보호하셨습니다. 백성들은 지금으로 치면 하나님께서 역사하신 이야기들을 뉴스로 들었습니다. 그 소식을 들었을 때 마음에 뜨거움도 있었을 것입니다. 그러나 애굽에 사는 사람만큼 그 재앙을 실감나게 느끼지는 못했을 것입니다.

들음에서 나오는 어떤 이해가 곧 믿음은 아닙니다. 가나안 땅에 이르기까지 뉴스를 통해 하나님을 아는 정도의 믿음은 믿음이 아니라는 것입니다. 실제 어려움이 가까이 왔을 때 믿음의 실력은 드러납니다. 바로 군대의 위협이 실제로 가까이 왔을 때 두려워하지 않아야 참 믿음입니다. 뒤에는 바로 군대, 앞에는 홍해입니다. 그때 백성들은 두려워했습니다. 그렇다면 우리도, 고통스러운 문제가 있거나, 건강에 문제가 있거나, 돈 문제로 힘들어서 염려가 생긴다면, 그것은 실제 믿음이 아니라고 결론 내려야 합니다.

거듭남이 믿음입니다. 거듭난 사람이 하나님의 자녀입니다. 저는 이선세라는 자연인입니다. 육신의 아버지, 육신의 어머니의 자녀입니다. 자연인이 하나님의 자녀가 되려면 반드시 거듭나야 합니다. 거듭난다는 것은 죽음이 전제됩니다. 거듭나기 전과 후는 다릅니다. 거듭나기 전에는 내 소원이 뚜렷합니다. 모든 게 가족 중심입니다. 내 자녀가 잘 되기를 바랍니다. 또 안전해야 하기에 재정에 관심이 많고 삶의 지위도 중요하게 생각합니다. 가족과 가정, 재정과 건강, 성공에 대한 욕구가 가득합니다. 이런 욕구가 가득한 사람이 죽어서 거듭났는데 그 욕구가 그대로 있다는 것이 가능합니까? 불가능합니다. 욕구가 그대로라면 거듭나지 않은 것입니다.

> 11 그들이 또 모세에게 이르되 애굽에 매장지가 없어서 당신이 우리를 이끌어 내어 이 광야에서 죽게 하느냐 어찌하여 당신이 우리를 애굽에서 이끌어 내어 우리에게 이같이 하느냐 12 우리가 애굽에서 당신에게 이른 말이 이것이 아니냐 이르기를 우리를 내버려 두라 우리가 애굽 사람을 섬길 것이라 하지 아니하더냐 애굽 사람을 섬기는 것이 광야에서 죽는 것보다 낫겠노라 (출애굽기 14:11-12)

어려움이 닥치니까 백성들이 하나님께 부르짖고 기도합니다. 그러면서 본심을 드러냅니다. "거봐! 애굽에서 나올 때 개운하지 않았어! 차라리 애굽에 있는 것이 나았어! 죄의 종 노릇 했지만 거기서는 괜찮았어!" 이스라엘 백성들이 애굽에서 허구한 날 힘든 노역만 하고 고생만 한 것이 아닙니다. 그중에는 중간 관리자도 있었습니다. 노예였지만 오십부장, 백부장 정도로 살았던 사람에게는 애굽도 살기에 꽤 괜찮았을 것입니다. 채찍이 아닌 당근도 있었다는 것이고, 부추와 마늘과 오이처럼 먹을 것도 많았다는 이야기입니다. 애굽에 속해 있었지만 소수는 다스릴 권세도 있었습니다. 살아가면서 그런 마음을 들켜봤다면 그렇게 불평하는 마음을 이해할 것입니다. 애굽에 속해 있었지만 좋은 것도 있었고 나름대로 힘도 있었다는 것입니다. 그러나 큰 그림으로 보면, 히브리 백성들은 여전히 죄 아래 노예로 살고 있고 종 노릇 하면서 살고 있는 것입니다.

예수님과 함께 죽지 않으면 우리는 여전히 죄의 공장이요 죄의 나무입니다. 사탄에게 끌려다니며 살아가면서도 세상 살기가 꽤 괜찮다고 말합니다. 예쁜 딸이 있고 목사님으로 대접도 받고 자동차도 저 정도면 괜찮고, 내 집은 아니지만 아파트에서 살고 있습니다. 이 정도면 괜찮습니다. 그런데 이것보다 더 괜찮으면 어떻게 될까요? 아파트 평수 더 넓혀서 이사 가고, 사회적 지위도 올라가고, 돈도 많이 쓰면 인기도 많아지고, 사람들에게 대접 받고 존경 받고 살게 되면, 뭐라고 말하게 됩니까? "꼭 굳이 그렇게 힘들게 예수님 믿어야 합니까?"

여러분의 본심이 들켜져야 합니다. 죄 아래 살고 있으면서 이 세상 살기가 꽤 괜찮다고 말하는 것은 거듭나지 않은 것입니다. 홍해를 건너기 전에 할 수 있는 이야기입니다. "그래, 나 예수 믿어, 나 교회에 출석해, 그런데 내가 가족을 위해 산다는 게 뭐가 나쁜 거지? 사람들에게 덕을 쌓으며 사는 게 뭐가 나쁜 거야?" 거듭났다면 절대 그렇게 말할 수 없습니다.

> 13 모세가 백성에게 이르되 너희는 두려워하지 말고 가만히 서서 여호와께서 오늘 너희를 위하여 행하시는 구원을 보라 너희가 오늘 본 애굽 사람을 영원히 다시 보지 아니하리라 14 여호와께서 너희를 위하여 싸우시리니 너희는 가만히 있을지니라 (출애굽기 14:13-14)

가만히 서 있으라는 말이 믿음의 핵심입니다. 이 말씀을 평생 믿음의 기준으로 삼기를 축복합니다. 가만히 서 있는 사람만 구원을 볼 수 있고 가만히 있지 못하는 사람은 구원을 볼 수 없습니다.

> 그는 시냇가에 심은 나무가 철을 따라 열매를 맺으며 그 잎사귀가 마르지 아니함 같으니 그가 하는 모든 일이 다 형통하리로다
>
> (시편 1:3)

성경에서 의인을 말할 때 동물은 양으로, 식물은 나무로 자주 비유합니다. 그런데 나무는 물가에 심겨져 있다고 합니다.

12 의인은 종려나무 같이 번성하며 레바논의 백향목 같이 성장하리로다 13 이는 여호와의 집에 심겼음이여 우리 하나님의 뜰 안에서 번성하리로다 14 그는 늙어도 여전히 결실하며 진액이 풍족하고 빛이 청청하니 15 여호와의 정직하심과 나의 바위 되심과 그에게는 불의가 없음이 선포되리로다 (시편 92:12-15)

심겼다는 것은 흔들리지 않는다는 것입니다. 의인을 나무로 비유하는 까닭은 뿌리 때문입니다. 여호와의 집에 심겼기에 흔들리지 않습니다. 의인은 번성하며 성장한다고 합니다. 여호와의 집에 뿌리를 내렸기에 흔들리지 않습니다. 뿌리의 첫번째 특징은 지지해주는 힘이 있습니다. 어린 호두나무는 뿌리가 흔들리면 상한다고 합니다. 그래서 어린 호두나무를 심으면 꼭 지지대를 함께 세워줘야 한다고 합니다. 둘째, 뿌리는 영양분을 흡수합니다. 셋째, 뿌리는 잎에서 받은 영양분을 저장하는 기능도 있습니다. 넷째, 뿌리도 호흡합니다.

1 훈계를 좋아하는 자는 지식을 좋아하거니와 징계를 싫어하는 자는 짐승과 같으니라 2 선인은 여호와께 은총을 받으려니와 악을 꾀하는 자는 정죄하심을 받으리라 3 사람이 악으로서 굳게 서지 못하거니와 의인의 뿌리는 움직이지 아니하느니라 (잠언 12:1-3)

짐승은 훈계를 듣지 않습니다. 짐승은 먹이를 찾으려고 돌아다닙니다. 움직여야 먹이를 찾을 수 있고 먹고 배부를 수 있습니다. 그런데 성경에서는 사람은 움직이면 안 된다고 말하고 있습니다. 무엇이 움직이지 않아야 할까요? 마음입니다. 마음은 움직이지 않을 수 있습니다.

> 악인은 불의의 이익을 탐하나 의인은 그 뿌리로 말미암아 결실하느니라 (잠언 12:12)

> 존귀하나 깨닫지 못하는 사람은 멸망하는 짐승 같도다 (시편 49:20)

짐승은 움직이지 않으면 안 되지만, 사람은 하나님의 말씀과 뜻에 사로잡혀 마음이 움직이지 않을 수 있습니다. 마음이 여호와의 집에 뿌리를 내리면 움직이지 않습니다. 진리로 통제받는다는 말이 그런 뜻입니다. 짐승은 자꾸 움직이기에 말씀 가운데 머물지 못하고 말씀을 깨닫지 못합니다.

가만히 있어라! 이것은 마음이 요동하지 않고 하나님께 가 있는 것입니다. 이것은 다짐으로 안 됩니다. 노력으로 안 됩니다. 결심으로 안 됩니다. 자아가 죽어야 합니다. 홍해를 건너는 것은 세례를 의미합니다. 죽는 것을 의미합니다. 가만히 서서 주님만 바라보라는 것입니다. 삶에서 듣는 이런 저런 소식을 통해 하나님을 이해하는 것은 믿음이 아니라는 것입니다. 하나님께서 위대하시기 때문에 우리들의 꿈을 실현시켜 주실 것이라고 믿는 믿음도 아닙니다. 실제 어려움이 닥쳤을 때 마음이 움직이지 않는 것이 믿음입니다. 십자가에서 예수님과 함께 죽는 은혜가 있지 않으면 안 됩니다. **마음이 하나님께 딱 붙어 있지 않으면 어떤 현상이 생길까요?** 자녀가 소원된 사람이 있습니다. 자녀가 소원된 사람은 좋은 학원이나 맛있는 음식을 보면 자녀가 생각납니다. 또래 친구들을 봐도 어떤 친구를 만나야 좋을까 생각합니다. 마음이 자녀에게 뿌리를 내렸기 때문입니다. 돈을 버는 것이 목적인 사람은 마음에 돈이 뿌리를 내립니다. 탄로 나셔야 합니다. 돈에 뿌리를 내리고 있는 사람은 뭘 사야 하는지를 결정할 때도 잘 비교합니다. 심보가 아주 고약합니다. "이렇게 하면 돈 벌어, 이 사람을 만나면 유익해, 이것을 터득하면 이득이 있어" 돈에 대한 기준이 있기 때문입니다. 성공 욕구가 강한 사람은 배우자도 그 기준으로 찾고 고릅니다. 어떤 그룹이 자신에게 유익한지를 따집니다. 성공에 마음의 뿌리가 내려져 있어서 그렇습니다.

여러분 마음의 뿌리가 어디에 내려져 있는지 보셔야 합니다. 하나님에 대한 우리의 생각, 그 한계가 깨져야 합니다. 그때 마음이 주님께 뿌리 내립니다. 딸을 만나더라도 주님과 함께 딸을 만나고 호수공원을 산책할 때도 마음의 뿌리가 주님이기에 주님과 함께 산책합니다. 동양에서 두 번째로 예쁜 아내를 만날 때에도 예수님과 함께 만납니다. 여행할 때도, 드라마를 볼 때도, 맛있는 것 먹을 때도, 마음의 뿌리가 예수님께 있으면, 가만히 서서 예수님을 봅니다. 긴장을 풀고 쉴 때도 주님과 함께 쉽니다. 실제입니다. 십자가에서의 죽음을 통해 되는 것입니다. 예수님을 이해했다는 것을 믿음으로 여기면, 거듭나기 전에 갖고 있던 욕구를 오히려 강화시키려고 합니다. 그것은 믿음이 아닙니다.

어려운 때에 믿음의 실력이 드러납니다. 그러니 어려운 때가 오면 기뻐하십시오. 하나님의 구체적인 손길이 드러나는 시간입니다. 바로의 군대가 가까이 올 때 기뻐하십시오. 바로 군대가 몰살되는 때요 홍해가 열리는 때이기 때문입니다. 문제 해결에 급급하는 것이 아니라, 주님께 온 마음을 두는 것이 먼저라는 것을 늘 확인하기를 축복합니다.

> 내 영혼아 네가 어찌하여 낙심하며 어찌하여 내 속에서 불안해 하는가 너는 하나님께 소망을 두라 나는 그가 나타나 도우심으로 말미암아 내 하나님을 여전히 찬송하리로다 (시편 42:11)

다윗은 불안한 상황에서 이렇게 노래했습니다. 보통 우리는, 하나님께서 먼저 우리를 도우시면 기뻐합니다. 도운 결과가 보여서 주님을 바라봅니다. 그런데 성경은 반대입니다. 먼저 하나님을 바라보라고, 먼저 하나님을 기뻐하라고 합니다. 그러면 소원을 이뤄주시리라고 말합니다. 마음이 하나님께 뿌리를 내리면, 하나님께서 바로 군대를 몰살시키고 홍해를 여는 역사를 우리가 보며 하나님을 찬양하는 증인의 삶을 살아가게 됩니다. 하나님께 소망을 두어야 합니다.

믿음이 실제 되지 못하면 믿음이 아닙니다. 성경은 이론 따로, 실제 따로가 아닙니다. 하나님께서는 홍해를 실제로 가르십니다. 홍해를 가르기 위해 우리가 어떤 실력을 쌓아야 한다고 말씀하시지 않았습니다. 바로 군대를 무찌르기 위해 어떤 전술을 준비하라고 말씀하신 적이 없습니다. 그런데 여러분은 예수님을 믿는다고 하면서도 더 불안해 하는 것 같습니다. "아무것도 하지 말라고? 그럼 도대체 무엇을 해야 하느냐"고 반문하는 분도 계십니다. 그래서 예수님과 함께 죽는 것이 무엇인지 반드시 경험하셔야 합니다. 하나님께서는 반드시 역사하십니다. 하나님을 이해하는 것이 믿음이 아닙니다. 어려울 때, 곤고할 때, 몸이 약할 때 믿음의 실력은 드러납니다. 그때 마음이 예수님께 가 있는지 보셔야 합니다. 마음이 가 있지 않을 때 돌이켜야 합니다. '하나님! 마음을 주님께 둘 수 없었어요. 저는 뭘 하지 않으면 불안해요. 이런 저를 돌이킵니다. 하나님을 소망합니다.' 하고 기도하셔야 합니다.

예수님!
출석하고 바라보고, 출석하고 기도하고,
출석하고 말씀 듣는 이 종잇장 하나만도 못한 믿음을
믿음으로 여겼던 우리 불신앙을 회개하오니
용서하여 주시옵소서.
이 종교적 습관을 끝장내고,
주님 아니면 안 되는 믿음 주시옵소서!
내 가정 하나, 내 사업체 하나 변화시키지 못하는 복음!
그것은 복음 아니라고 하셨으니 참 복음 허락하시옵소서.
주님께 마음을 두고, 주님께 뿌리내리는 그 마음 필요하니,
마음 바꾸어 주시옵소서!
내 논리와 내 가치와 내 습관으로 판단하는 영을
예수의 이름으로 꾸짖노라! 떠나갈지어다!
불안함이 밀려올 때
가만히 서서 주님 바라보는 믿음 허락하시옵소서.
예수님의 이름으로 기도드립니다. 아멘.

고린도후서 5:17

17 그런즉 누구든지 그리스도 안에 있으면 새로운 피조물이라 이전 것은 지나갔으니 보라 새 것이 되었도다

요한복음 10:22-27

22 예루살렘에 수전절이 이르니 때는 겨울이라
23 예수께서 성전 안 솔로몬 행각에서 거니시니
24 유대인들이 에워싸고 이르되 당신이 언제까지나 우리 마음을 의혹하게 하려 하나이까 그리스도이면 밝히 말씀하소서 하니
25 예수께서 대답하시되 내가 너희에게 말하였으되 믿지 아니하는도다 내가 내 아버지의 이름으로 행하는 일들이 나를 증거하는 것이거늘
26 너희가 내 양이 아니므로 믿지 아니하는도다
27 내 양은 내 음성을 들으며 나는 그들을 알며 그들은 나를 따르느니라

8. 예수 믿는데, 중심의 변화가 없다?

오늘 설교 목적은 세 가지입니다. 첫째, 중심이 변화되는 것이 무엇인지 이해하는 것입니다. 하나님께서 원하시는 변화가 무엇인지 깨닫고, 그 변화를 구체적으로 진술할 수 있어야 합니다. 둘째, 중심이 바뀌지 못하게 하는 것은 외부 환경의 문제가 아니라는 것을 이해하는 것입니다. 속사람의 문제 때문에 중심의 변화가 없다는 것을 깨닫는다면 개선이 아니라 회개부터 해야 합니다. 마음으로 회개하고 언어로도 회개하셔야 합니다. 그리고 기도하셔야 합니다. "하나님! 그럼 나는 어떻게 해야 해요? 주님께서 도와주세요, 주님의 지혜가 필요하고 주님의 힘이 필요합니다" 셋째, 내가 주인 되어서 중심의 변화를 이끌어가는 것이 아닙니다. 그 변화의 길에 내가 어떻게 서 있을 것인가, 하는 것을 깨달아야 합니다.

> 그런즉 누구든지 그리스도 안에 있으면 새로운 피조물이라 이전 것은 지나갔으니 보라 새 것이 되었도다 (고린도전서 5:17)

'새로운 피조물'이라는 말과 '새 것'이라는 말을 헬라어 원어로 보면 '카이노스'입니다. 새 것이 되었다는 것은 거듭났고 변화되었다는 뜻입니다. 예수님 안에 있는 예수님의 사람이 되었다는 뜻입니다. '카이노스'는 한 번도 사용된 적이 없는 새 것이라는 뜻입니다. 한 번도 죄에 사용된 적이 없는 마음, 한 번도 세상에 쓰인 적이 없는 마음이 '새 것'입니다. 세상을 욕구한 적이 없는 마음입니다. 세상과 죄와 사탄에 마음이 시달려본 적이 없는 새 피조물입니다. 새로운 피조물은 '중심이 변화된 상태'입니다.

그런데 '누구든지'입니다. 누구든지, 그리스도 안에 있으면! 새로운 피조물이 될 수 있다는 것입니다. 그리스도 안에 있는 것이 믿음이요 구원입니다. 그리스도 '안에' 있어야 새로운 피조물이라고 말하는 까닭은 그리스도 '밖에' 있는 사람이 훨씬 많기 때문입니다. 그리스도 '밖에' 있음에도 스스로 새로운 피조물이라 여기며 안심하는 사람들이 현대 교회에 너무나 많습니다. 그리스도 밖에서도 예수님이 하나님의 아들이신 것을 알고, 예수님이 무엇 때문에 이 땅에 오셨는지도 알고, 어떻게 하면 그리스도 안으로 들어가는지 그 방법도 압니다. 그럼에도 그리스도 '밖에' 있는 믿음은 귀신같은 믿음입니다. 귀신은, 하나님의 아들이여 우리가 당신과 무슨 상관이 있나이까(마태복음 8:29) 하고 말합니다.

이스라엘 백성들이 시내산에 1년 정도 머물며 십계명을 받습니다. 그리고 약속의 땅 가나안으로 가기 위해 가데스 바네아에 도착합니다. 열두 명의 정탐꾼을 보냈는데 의견이 10대 2로 나뉩니다. 10명은 부정적입니다. 가나안은 포도송이 하나를 둘이 들어야 할 정도로 비옥한 땅인데 철기문명이 있고 군사들이 있고 거인족이 있어서 자기들이 점령할 수 없다고 결론 내립니다. 그런데 나머지 두 명인 여호수아와 갈렙은 달랐습니다. 비옥한 땅이 맞고 거인들도 살고 있지만 하나님께서 약속하셨으니 가서 점령하면 된다고 말씀으로 결론 맺습니다. 이 보고를 듣고, 250만 명의 백성들이 옷을 찢고 슬퍼합니다. 그리고 돌을 들고 모세와 여호수아, 갈렙을 죽이려고 달려듭니다. 여기까지 인도하여서 자기들을 죽이려고 하느냐며 분노합니다. 홍해의 기적, 구름기둥과 불기둥, 만나를 경험했음에도 왜 그랬을까요? 몸은 애굽에서 나와 자유가 됐지만, 마음은 애굽에서 나온 적이 없기 때문에 그렇습니다.

여러분도 은혜를 입어서 예배를 드립니다. 그럼에도 한 번도 마음이 세상을 떠나본 적이 없다면, 마음에서 세상을 죽여본 적이 없다면, 그 이스라엘 백성과 똑같은 것입니다. 변화는 속사람이 바뀌는 것입니다. 환경이나 상황이 바뀌는 것이 아닙니다. 속사람의 변화, 내면의 변화를 원한다고 말하기도 하지만 실상 원하는 변화는 재정, 자녀, 건강, 삶의 위치가 바뀌는 것 아닙니까? 솔직해져야 합니다. 세상의 욕구에 대해 죽은 적이 없고 오히려 세상의 욕구를 강화하려고 하지 않습니까?

> 22 예루살렘에 수전절이 이르니 때는 겨울이라 23 예수께서 성전 안 솔로몬 행각에서 거니시니 24 유대인들이 에워싸고 이르되 당신이 언제까지나 우리 마음을 의혹하게 하려 하나이까 그리스도이면 밝히 말씀하소서 하니 25 예수께서 대답하시되 내가 너희에게 말하였으되 믿지 아니하는도다 내가 내 아버지의 이름으로 행하는 일들이 나를 증거하는 것이거늘 26 너희가 내 양이 아니므로 믿지 아니하는도다 27 내 양은 내 음성을 들으며 나는 그들을 알며 그들은 나를 따르느니라 (요한복음 10:22-27)

말씀에 나오는 솔로몬 행각은 바람이 많이 불기 때문에 몹시 추운 곳입니다. 겨울인데도 사람들이 많이 모였습니다. 그만큼 예수님에게 관심이 있다는 이야기입니다. 유대인들은 예수님에게 당신이 그리스도면 밝히 말해달라고, 그리스도인 것을 언제쯤 정확하고 확실하게 이야기할 것이냐고 묻고 있습니다. 예수님께서는 한두 번 이야기했느냐고 오히려 반문하십니다. 예수님이 그리스도가 아닌 것 같으면 떠나가면 되는데, 사람들은 떠나가지도 않고 그렇다고 믿지도 않으면서 묻고만 있습니다. 왜 날씨도 추운데 안 가고 묻기만 할까요? 예수님의 능력은 탐이 났기 때문입니다. 예수님의 그 권위와 인품은 탐이 났기 때문입니다.

하나님이 목자이시고 우리가 양이라면, 우리는 하나님의 음성을 들어야 합니다. 그러나 유대인들은 양이 아니라 스스로 목자 역할을 했습니다. 그래서 예수님의 말씀이 안 들립니다. '그리스도라면 이렇게 해야 돼' '그리스도가 오시면 우리는 로마로부터 해방될 거야!' 유대인들에게는 자기들만이 상상하고 있는 그림이 있었습니다. 예수님을 실제로 보니까 초자연적인 역사도 일으키시고 병도 고치시고 오병이어 역사도 일으키십니다. 그리스도의 기질은 있어 보입니다. 그런데 그리스도라고는 믿지 못합니다. 유대인들은 자신들만의 계획을 갖고 있습니다. 양의 탈을 쓴 목자입니다. 그래서 예수님의 능력은 필요하지만, 예수님을 믿지는 못합니다.

시편 23편에 목자 되신 예수님이 나옵니다. 예수님이 우리의 목자면 우리에게는 부족함이 없다고 합니다. 그런데 우리 실제 삶을 보면, 예수님이 목자인데 우리는 부족하다고 말합니다. 왜 그럴까요? 우리가 양이 아니라서 그렇습니다. 양의 목표와 목적은 목자입니다. 그런데 우리가 실제로 찾는 것은 푸른 풀밭입니다. 이런 우리의 상태를 들켜야 합니다. 이런 상태가 보이지 않으면 회개할 길이 없기 때문입니다. 목자가 목표 되지 않으면 양은 목자를 잃어버립니다. 이리의 밥이 됩니다. 이스라엘 백성들에게는 자기들 스케줄대로 예수님이 안 움직이시기 때문에 예수님을 그리스도로 받아들이지 못하고 믿지 못합니다. 우리 기도를 보면 대부분 우리 스케줄대로 구합니다. 아닙니다. 양의 목적은 목자이신 예수님입니다.

딸이 늦게 들어온다는 문자를 보내왔습니다. 힘든 선교 일을 하느라 아침에는 밝게 나가지만, 들어올 때는 밤 늦게 지쳐서 돌아옵니다. 제가 답 문자를 보냈습니다. '많이 지치고 힘들었지? 우리 하나 점검하자, 우리를 지치게 하고 힘들게 하는 그 일이 하나님을 향한 것인지 점검하는 인생 되자. 이 일이 하나님을 향한 일이라면, 조금 어렵고 힘들자. 우리가 그 하나님을 향한 일 가운데 있다면 그것만큼 영광스러운 게 어디 있겠니?'

하나님께서 우리를 어디로 부르셨는지 점검해야 합니다. "제가 무슨 일을 해야 합니까?" "저는 무엇을 하기 위해 태어났을까요?" 이런 질문을 한다면 아직 하나님을 만나지 못한 것입니다. 우리는 하나님을 사랑하라고! 하나님을 섬기라고! 태어났습니다. 무슨 일이든 상관없습니다. 돈을 많이 벌든 적게 벌든 상관없습니다. 기자가 되든 교수가 되든 목사가 되든 상관없습니다. 일 속에서 하나님을 기쁘게 하지 못한다면 아무 소용이 없습니다. 하나님께서는 광야 같은 세상에서 우리가 하나님을 사랑하는 믿음을 드러내며 살기 원하십니다. 우리가 예수님 안에 있는 확증이 있다면, 속사람의 변화가 확실하다면, 고백이 달라집니다. "나 예수님과 함께 죽고 살았어, 내 유일한 희망은 그분의 자랑거리가 되는 것이요 그분 보시기에 아름다운 내가 되는 거야~"

하나님께서는 죄를 절대 용서하신 적이 없습니다. 오해하지 마십시오. 공의로운 하나님께서는 반드시 대가를 원하십니다. 그래서 당신의 아들을 죽이신 것입니다. 죄에는 엄청난 진노가 있습니다. 영원한 형벌의 진노가 있습니다. 죄를 용서해주셨다고요? 아닙니다. 대가를 지불하신 것입니다. 그래서 당신의 아들을 죽이셨고 그 은혜를 우리가 입은 것입니다.

삶에 예수님 아닌 세상 다른 것이 들어오면 존재의 지긋지긋함을 알게 됩니다. "안 돼! 이럴 수는 없어! 하나님 어떻게 해요!" 달려갈 곳은 주님밖에 없습니다. 속으로부터 변화하지 않으면 안 됩니다. 십자가에서! 예수님과 함께 죽고 산 하나님의 사람들이 하나님 원하시는 것을 따라갈 때만 안심할 수 있습니다. 그러나 예수님 잘 믿으면 내가 하고 싶은 것을 못하게 될 것 같아서 불안하고, 예수님께 순종하면 내 삶이 더 어려워질 것 같아서 염려하는 것이 우리의 실존입니다.

변화는 속사람이 바뀌는 것입니다. 듣지 않으려고 하는 자세가 속사람의 변화를 막습니다. 우리 교회에 세 번 정도 큰 위기가 있었습니다. 그중 하나가 '듣는 싸움'이었습니다. 예수님이 머리요 우리가 그리스도의 몸이라는 것을 깨닫고 우리 교회는 설교 말씀을 그대로 듣는 훈련을 시작했습니다. 너무나 많은 저항이 있었습니다. 많은 사람들은 자기가 듣고 싶은 것만 듣고 싶어 했습니다. 설교하기가 무서울 정도였습니다. 말씀을 깨달았다는 사람조차 이렇게 말했습니다. "이 교회만 말씀 있고, 이 교회에만 구원 있냐? 목사가 독재 하냐?" 그러나 그런 말도 저를 아프게 하지는 못했습니다. 하나님의 말씀을 그대로 듣지 못하고 있다는 사실을 깨닫지 못하는 것이 오히려 마음 아팠습니다. 들려주신 것을 그대로 듣기 전에는 믿음이 세워지지 않습니다.

자기가 세워놓은 그리스도의 모양이 있습니다. 그래서 예수님을 그리스도로 믿지 못합니다. 그들은 결국 예수님을 죽입니다. 우리가 그렇게 독한 존재입니다. 그래서 타협하지 않고 주신 말씀을 그대로 듣고, 삶의 현장에서 들은 말씀을 들은 그대로 나누는 훈련을 해 온 것입니다. 예수님이 목자라면 양 된 우리는 목자의 말씀을 듣습니다. 주여 말씀하시옵소서! 듣겠습니다! 그대로 듣고, 들은 것을 나눌 때 주님의 마음이 일깨워집니다. 풀은 마르고 꽃은 시드나 말씀은 영원합니다.

성숙에 대한 오해가 풀려야 합니다. 무언가 보충하고 첨가하고 교육함으로 성숙해지는 것이 아닙니다. 원래 사람은 완벽했습니다.

아담은 눈을 떠보니까, 다스리고 정복하고 충만할 정도로 지혜가 뛰어났습니다. 그 아담이 죄로 무너졌습니다. 그 병든 자아가 우리에게 있습니다. 그래서 자아는 고치고 보수해서 회복되는 것이 아닙니다. 죽어야 회복됩니다. 죽기 전에는 회복이 없습니다. 그래서 예수님께서 십자가에서 죽으신 것입니다. 심리 요법으로 회복되는 것이 아닙니다. 자아, 추스르고 어르고 달래서 되는 것이 아닙니다. 죽어야 합니다. 십자가에서 죽기 전까지 절대 새로운 피조물이 되지 않습니다. 죽어야 이전 것이 지나갑니다. 예수님과 함께 십자가에서 죽고 살아 회복되는 은혜가 있기를 예수님의 이름으로 축복합니다.

사도행전 20:25-32

25 보라 내가 여러분 중에 왕래하며 하나님의 나라를 전파하였으나 이제는 여러분이 다 내 얼굴을 다시 보지 못할 줄 아노라

26 그러므로 오늘 여러분에게 증언하거니와 모든 사람의 피에 대하여 내가 깨끗하니

27 이는 내가 꺼리지 않고 하나님의 뜻을 다 여러분에게 전하였음이라

28 여러분은 자기를 위하여 또는 온 양 떼를 위하여 삼가라 성령이 그들 가운데 여러분을 감독자로 삼고 하나님이 자기 피로 사신 교회를 보살피게 하셨느니라

29 내가 떠난 후에 사나운 이리가 여러분에게 들어와서 그 양 떼를 아끼지 아니하며

30 또한 여러분 중에서도 제자들을 끌어 자기를 따르게 하려고 어그러진 말을 하는 사람들이 일어날 줄을 내가 아노라

31 그러므로 여러분이 일깨어 내가 삼 년이나 밤낮 쉬지 않고 눈물로 각 사람을 훈계하던 것을 기억하라

32 지금 내가 여러분을 주와 및 그 은혜의 말씀에 부탁하노니 그 말씀이 여러분을 능히 든든히 세우사 거룩하게 하심을 입은 모든 자 가운데 기업이 있게 하시리라

9. 예수 믿는데, 남은 삶을 맡길 수 없다?

오늘 설교 목적은 4가지입니다. 첫째, 무엇을 주님께 맡길 수 있는지를 보는 것입니다. 둘째, 어떻게 맡기는 것인지, 무엇 때문에 주님께 맡기지 못하는지 보는 것입니다. 셋째, 우리가 맡김으로 주님께서 무엇을 하실 수 있는지 보는 것입니다. 넷째, 주님께 맡긴 결과가 삶에서 어떻게 나타나는지 그 증거를 보는 것입니다.

네 길을 여호와께 맡기라 그를 의지하면 그가 이루시고 (시편 37:5)

'길'을 히브리어로 '데레크'라고 합니다. '데레크'란 '삶의 여정'을 말합니다. 삶을 좌지우지하는 '생활양식, 사고방식, 습관'을 말합니다. 주님께서는 우리 생각의 틀까지도 맡으시기를 원하십니다. 우리가 하나님의 세계관으로 바뀌어가기를 기대하십니다.

> 네 짐을 여호와께 맡기라 그가 너를 붙드시고 의인의 요동함을 영원히 허락하지 아니하시리로다 (시편 55:22)

'짐'은 히브리어로 '예하브'입니다. '예하브'의 원뜻은 '운명'입니다. '주어진 것, 어떻게 해볼 수 없는 것, 몸부림쳐도 바뀌지 않는 것'을 말합니다. 어떤 사람은 자신을 향해 '인생이 왜 이렇게 구질구질해, 왜 이렇게 꼬였어, 왜 이렇게 얽히고설켰어' 하고 말합니다. 그런 무거운 '짐'마저도 예수님께 맡길 수 있습니다.

> 너의 행사를 여호와께 맡기라 그리하면 네가 경영하는 것이 이루어지리라 (잠언 16:3)

'행사'는 히브리어로 '미아세'입니다. 경제적인 목적을 위해 하는 활동, 재산 증식을 위한 활동을 말합니다. 그래서 '미아세'는 재산, 직업, 노동 등을 뜻합니다. 이런 활동도 예수님께 맡길 수 있다고 하십니다. 이 진리를 깨닫게 되면 '믿음이 없다'는 것이 얼마나 억울한

---

7 「70인역」에는 "걱정", "근심", "고민" 등의 의미를 지닌 메림나(měrimna)로 번역됐다고 함

일이라는 것을 알게 됩니다.

> 너희 염려를 다 주께 맡기라 이는 그가 너희를 돌보심이라
> (베드로전서 5:7)

'염려'는 헬라어로 '메림나'입니다. '메림나'를 직역하면 '마음이 어수선한 상태'입니다. 메림나는 '메리즈'라는 동사로부터 파생됐는데, '분리되다'는 뜻입니다. '마음이 분리되어 어수선한 상태'가 곧 '메림나'입니다. 어떤 문제나 욕구가 생기면, 그것 때문에 마음이 분리된 상태가 되는데 그것이 곧 염려라는 것입니다. 믿음의 사람은 마음이 주님께 가 있어야 합니다. 그런데 어떤 문제가 생기면 그 주님께 가 있는 마음이 분리되어 어수선한 상태, 곧 염려가 됩니다.

우리는 문제가 생기면 주님께 맡기기보다는 스스로 해결하려고 합니다. 그래서 에너지 소모가 많고 내적인 갈등도 겪게 됩니다. 또 어떤 분들은 작은 문제를 해결할 수 있는 힘도 없어서 원망과 분노를 쌓아 놓습니다. 낙망이 오기 전에 분노가 찾아옵니다. 스스로 문제를 해결하려고 했던 것을 회개해야 하는데 회개도 쉽지 않습니다. 분노, 원망, 탓하는 마음을 회개해야 하는데 그 회개도 쉽지 않습니다. 억울하기 때문입니다. 억울하면 하나님 말씀이 안 들립니다.

어떤 문제가 생겼을 때, 누구에게 가면 해결돼, 무엇이 충족되면 해결돼, 무엇을 발휘하면 해결될 거야, 하고 궁리하며 전략을 세우는 분들이 있습니다. 아닙니다. 맡기는 것입니다. 저는 문제가 커보일수록 문제를 지워버립니다. 문제가 산더미처럼 있어도 문제를 풀려고 기도하기보다는 주님을 더 부릅니다. "주님 알아야 하는데, 주님 바라봐야 하는데, 주님을 신뢰할 수 있는 믿음 있어야 하는데, 주님께서 넉넉하게 맡아주실 힘이 있다는 것이 믿겨져서 안심해야 하는데, 그렇지를 못해요 주님! 주님 그래서 주님이 더 필요해요!"

맡긴다는 것은 맡아주시는 대상이 있기 때문에 맡기는 것입니다. 그분께서 넉넉하게 맡아주실 것이라는 믿음이 있기 때문에 맡기는 것입니다. 그분에 대한 신뢰가 있고 친밀함이 있기 때문에 맡기는 것입니다. 그런데 우리는 그런 사귐이 없습니다. 그래서 그 믿음을 달라고, 그 친밀감을 누리게 해달라고 기도해야 합니다.

누님에게 어떤 문제가 생겼는데 제가 말씀드렸습니다. "누님, 이제 그 문제 그만 기도하세요, 주님께 못 맡기는 마음 돌이키고 주님 믿는 믿음 달라고 기도하세요" 믿음은 문제를 해결하려고 노력하는 것이 아니라, 우리를 사랑하시는 주님께 맡기는 것입니다. 예수님과 친하지 않아서, 예수님을 경험하지 못해서 못 맡기는 것입니다. 그래서 믿음 달라고 기도하셔야 합니다. 가만히 있어 주님이 행하시는 것을 보라고 말씀하셔도, 우리는 믿음이 없으니 가만히 있지를 못합니다. 창조주 하나님께서 나를 사랑해서 당신의 아들을 죽일 정도로 놀라운 사랑을 이미 보여주셨다면, 주님께서 나를 책임져 주시는 것을 경험하고 싶다고 기도해서, 그 믿음을 받아야 되지 않겠습니까?

주님께 맡긴다는 것은, 먼저 맡긴다고 말로 하는 것입니다. 주세요! 하면 주십니다. 말하는 것이 친밀함입니다. 말하는 것이 사귐입니다. 말하는 것이 마음을 주는 것입니다. 그것에는 믿음이 전제됩니다. 역사하실 하나님에 대한 신뢰가 있는 것입니다.

사도바울이 3차 전도여행을 마무리하는 시점에 드로아에서 예루살렘으로 가라는 감동을 받습니다. 결박당하는 줄 알면서도, 고난이 기다리고 있음에도 갔습니다. 사도 바울이 대단해서요? 아닙니다. 사도 바울이 아니라 복음이 위대한 것입니다. 복음이 얼마나 대단하고 능력 있고 위대하면 고난에도 굴하지 않고 사도 바울을 예루살렘으로 가게 하겠습니까? 사도 바울이 3년 반 정도 양육했던 에베소 교회 장로와 성도들에게 하나님께서 주신 긴박한 마음을 이야기하고 있습니다. 사도 바울은 주님과 은혜의 말씀에 그들을 맡기고 있습니다. 교회에 이단이 들어오고, 어그러진 사람들이 생긴다고 하면서, 성도들을 주님과 은혜의 말씀에 맡긴다고 말하고 있습니다.

> 지금 내가 여러분을 주와 및 그 은혜의 말씀에 부탁하노니 그 말씀이 여러분을 능히 든든히 세우사 거룩하게 하심을 입은 모든 자 가운데 기업이 있게 하시리라 (사도행전 20:32)

저를 구원한 예수님의 공로를 압니다. 제 존재와 제 생각과 제 가치를 바꾸신 주님의 공로를 압니다. 그리고 말씀을 압니다. 제가 2년 가까이 목회 사역을 하라고 하시는 하나님의 감동을 부인하고 거부했습니다. 그러다 설교를 듣는 중에, 시편 116편 말씀을 펴서 보라는 감동을 강력하게 받았습니다. 그때 몸이 떨리고 감전된 것 같았습니다. 그때 비로소 사역자의 길을 가라고 하신 하나님의 감동에 순종했습니다.

> 6 여호와께서는 순진한 자를 지키시나니 내가 어려울 때에 나를 구원하셨도다 7 내 영혼아 네 평안함으로 돌아갈지어다 여호와께서 너를 후대하심이로다 8 주께서 내 영혼을 사망에서, 내 눈을 눈물에서, 내 발을 넘어짐에서 건지셨나이다 9 내가 생명이 있는 땅에서 여호와 앞에 행하리로다 (시편 116:6-9)

어릴 때부터 예수님을 믿었지만, 제 믿음은 관념이었습니다. 실제가 되지 못했습니다. 그러다 예수님께서 저를 위해 돌아가신 것이 믿겨졌습니다. 관념의 믿음이 무너지기 시작했습니다. 그러나 아직 예수님과 함께 죽은 것은 아니었습니다. 범죄 하여 에덴에서 쫓겨난 죄 덩어리, '병든 자아'의 상태로 열심히 신앙생활을 했습니다. 그러니 계속 헛돌았습니다. 내 생각과 내 뜻이 계속 살아났습니다. 그러다 예수님의 공로가 깨달아졌습니다. 내가 예수님과 함께 죽고 산다는 십자가의 공로가 깨달아졌습니다. 그때부터 모든 것이 환해졌습니다. 내 성질도, 내 기질도, 내 관계도, 내 감정도, 내 마음의 아픔도 해석됐습니다. 무거운 짐과 길과 행사와 염려를 주님께 맡길 수 있게 됐습니다. 그 주님이 어떠한 분이신지 말씀으로 보겠습니다.

> 너희는 그를 죽은 자 가운데서 살리시고 영광을 주신 하나님을 그리스도로 말미암아 믿는 자니 너희 믿음과 소망이 하나님께 있게 하셨느니라 (베드로전서 1:21)

하나님을 믿는 믿음은 그리스도로 말미암아 된 것입니다. 유대인들도 성경을 알고 하나님을 믿습니다. 성경 암송도 잘합니다. 그런데 그리스도로 말미암아 믿지는 않습니다. 그러나 사도 바울은 예수님으로 말미암아 믿기 때문에 주님과 은혜의 말씀에 그들을 의탁합니다. 지금도 수많은 이단이 하나님을 믿는다고 말하지만 '예수로 말미암아' 믿지는 않습니다. 그러나 우리의 믿음은 반드시 '예수로 말미암아' 나타나는 믿음이어야 합니다.

예수께서 이르시되 내가 곧 길이요 진리요 생명이니 나로 말미암지

않고는 아버지께로 올 자가 없느니라 (요한복음 14:6)

예수님이 길 되지 않으면, 아무도 하나님 아버지께 갈 수 없습니다. 예수님이 분명한 사람만 하나님께 달려갑니다. 우리 삶에서 예수님이 전부가 되지 않으면, 예수님의 공로가 명확하지 않으면 하나님 아버지께 갈 수가 없습니다. 아버지를 만나면 시스템에 의지하지 않고, 조직에 의지하지 않고, 사람에게 의탁하지 않고, 오직 예수님께 의탁합니다.

거짓말하는 자가 누구냐 예수께서 그리스도이심을 부인하는 자가 아니냐 아버지와 아들을 부인하는 그가 적그리스도니

(요한일서 2:22)

거짓의 아비는 사탄입니다. 거짓말쟁이의 아비는 사탄입니다. 살살 거짓말하는 것, 경계하고 회개하십시오. 귀신의 끼가 있어서 그렇습니다. 과장하고 축소하며, 순간순간 모면하려고 하는 것 보면 소름끼칩니다. 사탄의 손길이 보여서 소름끼치는 것입니다. 대강대강 이야기하고 술렁술렁 뱀이 넘어가는 것 같은 말을 들으면 마음이 힘듭니다.

너희는 너희 아비 마귀에게서 났으니 너희 아비의 욕심대로 너희도 행하고자 하느니라 그는 처음부터 살인한 자요 진리가 그 속에 없으

므로 진리에 서지 못하고 거짓을 말할 때마다 제 것으로 말하나니 이는 그가 거짓말쟁이요 거짓의 아비가 되었음이라 (요한복음 8:44)

예수님이 그리스도라는 것을 부인하는 것이 사탄이요, 사탄의 자식입니다. 성령이 오셔서 무슨 일을 하십니까?

26 내가 아버지께로부터 너희에게 보낼 보혜사 곧 아버지께로부터 나오시는 진리의 성령이 오실 때에 그가 나를 증언하실 것이요 27 너희도 처음부터 나와 함께 있었으므로 증언하느니라

(요한복음 15:26-27)

성령이 오시면 예수님을 증거 합니다.

그가 내 영광을 나타내리니 내 것을 가지고 너희에게 알리시겠음이라 (요한복음 16:14)

성령은 예수님만을 드러내기 위해서 일하십니다. 수많은 기적이 일어난다고 해도 그것 자체에 몰입하면 반드시 망합니다. 모든 것은 예수님을 증거 하기 위해 일어나는 일입니다. 교회의 역사만 봐도 압니다. 성령의 역사 뒤에 타락도 따라옵니다. 예수님께서 집회하실 때 많은 사람이 모였습니다. 오병이어 기적 때에도 구름떼처럼 사람들이 몰려들었습니다. 예수님께서 기적으로 사람들의 마음을 사신

것입니다. 그런데 예수님께서 어디로 가십니까? 십자가로 가서 죽으셨습니다. 그리고 예수님 부활하시고 승천하실 때는 겨우 500여 명만 있었습니다. 마가의 다락방에서 성령을 받은 사람은 약 120명이었습니다. 한국 교회가 부흥할 때가 있었습니다. 그런데 그때 한국 교회는 세상 욕구를 강화하는 설교를 했습니다. 네 영혼이 잘됨 같이 범사에 잘 될 것이라며, 세상 욕심을 강화했습니다. 교회는 모인 군중을 십자가로 데리고 갔어야 했습니다. 세상의 가치, 세상에 대한 욕망이 죽고, 십자가에서 죽고 부활해 하나님 보좌 우편까지 이끌고 가야 했습니다.

사도 바울이 성도들을 주와 및 은혜의 말씀에 부탁하고, 그 말씀이 하나님의 유업을 받게 할 것이라고 말했습니다.(사도행전 20:32) 삶을 의탁하면 주님께서 말씀하십니다. 제자 훈련의 핵심은 스승의 말씀을 듣고 따르는 것입니다. 우리 교회는 제자 훈련을 따로 하지 않아도, 말씀이 나눠집니다. 아주 특별한 은혜입니다. 모든 모임에서 설교 말씀을 나눕니다. "이번 주 하나님께서 교회를 통해서 이렇게 말씀하셨습니다!" 하고 말씀을 나눕니다. 교회를 통해 공적으로 선포된 하나님의 말씀이 우리 삶에서 이루어지게 해달라고 기도하고, 말씀 따라 살지 못한 것을 회개해야 합니다.

말씀을 나눌 때 이제는 한 달에 두 번은 가정에서 모여야 합니다. 커피숍에서는 말씀 나눔에 머무를 때가 많습니다. 하지만 집에서는 주신 말씀이 이루어지도록 함께 기도할 수 있습니다. 마음이 벅차서 찬송할 수 있습니다. '이 말씀을 주셨어, 이 말씀에서 회개했어, 이 말씀에 마음이 찔렸어, 이 말씀이 마음에 걸렸어'하고 나누며, 그 말씀이 삶에서 이루어지도록 기도해야 합니다. 은혜의 말씀이 유업이 되고, 그 말씀이 우리를 이끌어가기 때문입니다.

육신의 아버지에게 로마서를 한 장씩 쓰시고, 감동이 되는 말씀은 밑줄도 그으시고, 말씀이 삶에서 이루어지기를 원한다고 꼭 기도하시라고 말씀드렸습니다. 그런데 아버지가 로마서 5장에서 울컥하며 눈물이 쏟아지셨다고 합니다. "이제야 아들 목사가 무슨 이야기를 하는지 알겠어, 말씀이 이제 보여~" 여러분에게 로마서를 적고 따라하라는 이야기가 아닙니다. 여러분은 말씀을 듣는 사람이니, 말씀을 나누는 훈련을 꼭 하시라는 이야기입니다. 주신 말씀을 나누셔야 합니다. 주님께 맡기면 무슨 일이 일어나는지 보겠습니다.

네 길을 여호와께 맡기라 그를 의지하면 그가 이루시고 (시편 37:5)

'길'은 '삶의 여정'입니다. 삶을 좌지우지하는 '생활양식, 사고방식, 습관'을 주님께 맡기면, 주님이 이루십니다. '이루신다'는 말을 원어 히브리어로 보면 '전적으로 다듬어가신다'는 뜻입니다. 인생의 길을 스스로 개척하지 않게 하시고, 이러쿵저러쿵 원망하지 않게 하시며, 우리 삶을 다듬어 가십니다.

네 짐을 여호와께 맡기라 그가 너를 붙드시고 의인의 요동함을 영원히 허락하지 아니하시리로다 (시편 55:22)

'짐'은 내가 '어떻게 해볼 수 없는 것, 몸부림쳐도 바꿀 수 없는 운명'입니다. 도저히 풀 수 없고, 저주 받은 것 같은 인생을 주님께 올려드렸더니, 붙드신다고 하십니다. '붙드신다'는 말은 원어 히브리어로 보면 '양육한다'는 뜻입니다. 맡겼더니 실제로 새롭게 키워주시는 하나님의 손길이 있습니다.

너의 행사를 여호와께 맡기라 그리하면 네가 경영하는 것이 이루어지리라 (잠언 16:3)

'이루어지리라'는 '돈주머니를 주신다'는 말입니다. '행사'는 경제적인 목적을 위해 하는 활동 등을 뜻한다고 했습니다. 그 '행사'를 주님께 맡겼더니 돈주머니를 주신다고 하십니다. 실제로 저는 이런 일들이 많습니다. 세상이 우리 교회를 볼 때는 가진 것이 없어 보였지만 우리는 돕는 일에 마음을 많이 썼습니다. 실제로 우리 교회가 재정적으로 어려운 적은 없었습니다. 그래서 우리는 교회 시작할 때부터 다른 교회와 선교사님들을 많이 도왔습니다.

너희 염려를 다 주께 맡기라 이는 그가 너희를 돌보심이라
(베드로전서 5:7)

'돌보심이라' 하는 것은 헬라어로 '멜로', '관계한다'는 뜻입니다. 헬라어 '기노스코'(히브리어 '야다')처럼 실제로 관계해 주신다는 것입니다. '염려'는 마음이 갈라진 것입니다. 염려를 주님께 올려드리면, 주님께서 관계해 주십니다. 이 하나님이 놀랍지 않습니까? 갈라진 마음을 주님께 올려드렸더니 주님께서 내 마음을 점령해 버리십니다. '기노스코'처럼, 부부처럼! 주님께 맡기면 일어나는 이런 역사를 경험하며 살기를 예수님의 이름으로 축복합니다.

호세아 6:1-3

1. 오라 우리가 여호와께로 돌아가자 여호와께서 우리를 찢으셨으나 도로 낫게 하실 것이요 우리를 치셨으나 싸매어 주실 것임이라
2. 여호와께서 이틀 후에 우리를 살리시며 셋째 날에 우리를 일으키시리니 우리가 그의 앞에서 살리라
3. 그러므로 우리가 여호와를 알자 힘써 여호와를 알자 그의 나타나심은 새벽 빛 같이 어김없나니 비와 같이, 땅을 적시는 늦은 비와 같이 우리에게 임하시리라 하니라

10. 예수 믿는데, 하나님의 마음을 모른다?

　호세아 말씀을 통해 절절한 하나님의 마음을 선명하게 느낄 것입니다. 무엇이 하나님의 마음을 못보게 하는지 알게 될 것입니다. 하나님은 어떤 정보를 통해 아는 것이 아닙니다. '안다'는 것은 사귐을 통해 이루어집니다. 사귈수록 하나님을 알아가는 것이 깊어집니다. 사귈수록 하나님 마음을 헤아리는 안목이 넓어집니다. 사귐의 은혜가 있게 되면 하나님 마음을 선명하게 보게 됩니다. 하나님의 마음이 보일 때 기쁨으로 화답하고, 또 기쁨으로 화답하지 못하는 마음을 돌이키며 하나님 마음을 더 알고 싶다고 소원하게 됩니다.

　제 소원은 하나님 마음을 아는 것입니다. 절절한 그 하나님의 사랑을 더 보고 싶습니다. 주님의 생각, 주님의 뜻, 주님의 마음 더 알아가기를 소원합니다. 하나님 아버지의 생명이 예수님 안에 있습니다. 예수님 안에서 진리와 사랑이 드러납니다. 하나님 아버지의 생명이 예수님의 공로로 우리 삶에 임합니다. 그래서 예수님의 공로를 더 알기 원합니다. "십자가에서 예수님께서 죽으셨어, 나를 위해서 죽으셨어!" 당연합니다. 그러나 그 감흥에 그치지 않고 예수님의 공로와 은혜가 깊이 다가와, 하나님의 생명이 우리를 휘감고 우리 영혼을 지배하는 삶! 그렇게 하나님의 생명이 흘러가는 것이 꿈이요 나의 살아있는 이유가 되는 삶! 함께 소원해야 하지 않겠습니까?

대학로에서 하고 있는 뮤지컬 '루카스'를 성도들과 함께 관람했습니다. '루카스'는 실화를 바탕으로 만든 창작극입니다. 발달장애가 있는 아버지 때문에 결혼도 파경을 맞은 주인공 조현우는 충동적으로 캐나다 여행을 떠납니다. 친구의 말만 믿고 찾아간 휴양지는 알고보니 장애인을 돌보는 공동체 '데이브레이크'가 있는 곳이었습니다. '데이브레이크'는 발달장애, 지적 장애인들이 모여 사는 공동체입니다. 분노한 조현우는 당장 박차고 나오려 하지만 지적장애인 부부가 갑자기 출산을 하게 되면서 예기치 않게 그곳에 발이 묶이게 됩니다.

지능지수 50의 아빠 앤디가 9개월간 기다려 온 아기 루카스는 선천적 뇌 기형을 안고 태어납니다. 의사는 태어난 뒤 길어야 15분 정도면 죽을 것이라고 했지만, 아기 루카스는 기적적으로 17일 동안 생존합니다. 공동체에 놀라운 변화가 시작됩니다. 날마다 루카스를 위해 생일잔치를 벌입니다. 차갑게 얼었던 조현우의 마음도 녹아내리기 시작합니다. 그리고 17일 뒤, 루카스의 장례식에서 아빠 앤디는 이렇게 말합니다. "루카스, 고마워! 나를 아빠 되게 하고, 나를 아빠라고 불러줘서" 마지막에는 이런 대사도 합니다. "하나님 아버지께서는 보이지 않는 영혼의 끈으로 당신과 우리를 연결시키셨다, 루카스! 너는 지금 떠나지만 보이지 않는 영혼의 끈이 이어져 있어서, 너와 우리는 영원히 이어져 있단다. 너는 내 아들이다."

우리에게도 치명적인 영적 장애가 있습니다. 바로 죄입니다. 그런데 그 죄인을 향한 하나님의 애틋하고 절절한 사랑! 당신 아들을 찢어서 죽이실 정도로 우리를 사랑하신 하나님! 예수님의 십자가 공로와 순종! 하나님 아버지의 사랑과 은혜로 우리와 하나님 사이에도 영적인 끈이 이어져 있습니다. 우리가 노력한 것도 아니요, 우리가 먼저 시작한 것도 아닙니다. 뮤지컬 루카스를 보면서 하나님과 이어져 있는 영적인 끈이 느껴져서 마음이 아주 뜨거워졌습니다.

1 오라 우리가 여호와께로 돌아가자 여호와께서 우리를 찢으셨으나 도로 낫게 하실 것이요 우리를 치셨으나 싸매어 주실 것임이라 2 여호와께서 이틀 후에 우리를 살리시며 셋째 날에 우리를 일으키시리

> 니 우리가 그의 앞에서 살리라 3 그러므로 우리가 여호와를 알자 힘
> 써 여호와를 알자 그의 나타나심은 새벽 빛 같이 어김없나니 비와
> 같이, 땅을 적시는 늦은 비와 같이 우리에게 임하시리라 하니라
>
> (호세아 6:1-3)

호세아 선지자가 여호와를 힘써 알자고 말하고 있습니다. '호세아'는 예수아, 여호수아와 같은 말로, '구원'이라는 뜻입니다. 호세아는 여로보암 2세 때의 선지자입니다. 여로보암 2세 때 북이스라엘은 경제적, 군사적으로 부강했지만 영적으로는 많이 타락한 때였습니다. 삶의 질이 높아지고 삶의 지위가 높아지고, 삶의 환경이 여러 가지로 안전하다고 해서, 하나님으로부터 복 받은 것은 아닙니다. 삶의 모든 자리마다 잘 풀리고, 하는 일마다 잘 된다고 해서 영적으로 안전한 것도 아닙니다.

하나님께서 호세아를 중매하십니다. 하나님께서는 우리가 그리고 있는 이미지와는 다르게 일하십니다. 믿음의 부모들이 자녀들의 예비 배우자를 위해 기도할 때도 어떤 구체적인 조건을 내걸고 기도하는 경우를 종종 봅니다. 그러나 그것은 모두 엉터리 신앙입니다. 하나님의 마음을 알면 알수록 구구절절 기도하는 것이 점점 더 어려워지기 때문입니다.

하나님께서 호세아에게 고멜이란 창녀와 결혼하라고 명하셨습

니다. 고멜은 '열정, 완전함'이라는 뜻입니다. 완전한 열정을 가진 음란한 여인, 타락의 결정체라고 할 수 있습니다. 이방신인 바알신과 아스다롯신을 섬기던 때입니다. 당시에는 바알과 아스다롯의 금실이 좋으면 농사가 잘 된다는 미신이 있었습니다. 그래서 제단 양쪽에 있는 두 개의 천장 없는 방에서 여사제들이 남자와 음란한 짓을 했습니다. 그 음란을 금실이 좋은 것이라고 여기고, 음란한 짓을 하고 나서는 제사까지 지냈습니다. 그럼 하늘이 감동해서 비를 내리고 농사가 잘 되게 해준다는 이방 신앙입니다. 그런데 그들은 그것을 예배라고 말합니다. 이방인들의 신전에서 그런 여사제와 같은 역할을 한 사람이 바로 고멜입니다.

경건한 호세아도, 음란한 고멜도 결혼생활이 재미 없었을 것입니다. 호세아는 24시간 동안 말씀을 묵상하고 싶어 하는 사람입니다. 주의 음성을 들으려고 묵상하고, 산책할 때도 주님 바라보는 사람입니다. 그러나 고멜은 때마다 코에 바람이 들어가야 삽니다. 성향이 완전히 다른 둘이 결혼했는데 순탄한 결혼생활이 될 가능성은 거의 없습니다. 음란이 가득한 고멜은 결국 집을 뛰쳐나갑니다. 거리로 나가 또 음란한 짓을 해서 낳은 자식 이름이 '이스르엘'입니다. '하나님께서 흩어버리신다'는 뜻입니다. 그리고 '로루하마'라는 자식 이름도 하나님께서 직접 지어주십니다. '루하마'는 긍휼히 여김 받는다는 뜻이고, '로'는 영어의 노(no)와 같은 말입니다. 그래서 '로루하마'는 긍휼히 여김 받지 못한다는 뜻이 됩니다. 이 이름도 하나님께서 직접 지어주십니다. 집을 나간 고멜이 또 자식을 낳았는데 이번에는 하나님께서 '로암미'라고 지어주십니다. '암미'가 내 백성이라는 뜻이고, 부정을 뜻하는 '로'자가 붙었으니 내 백성이 아니라는 뜻이 됩니다.

호세아는 궁금했습니다. "하나님께서 왜 이런 아픔을 겪게 하실까?" 여러분은 하나님께서 이렇게 명하시면 호세아처럼 순종할 수 있겠습니까? 순종하기가 쉽지 않아 보이는 명령을 따르는 호세아가 대단하다고 생각할 수 있지만, 사실은 복음이 위대한 것입니다. 복음이 호세아를 얼마나 휘감고, 그 복음이 얼마나 크고 위대했기에 호세아가 그 복음을 따라갔겠습니까?

그런 고멜이 집을 나가 또 오랜 시간이 흘렀습니다. 나이도 많이 들었습니다. 하나님께서 호세아를 다시 부르셨습니다. 아내 고멜이 나이가 들어 막장 인생 '퇴물'이 됐으니, 찾아서 데리고 오라고 하십니다. 그리고 그 고멜에게 사랑한다고 이야기하라고 하십니다. 고멜이 받아들일 때까지 사랑하라고 하십니다. 호세아는 하나님의 말씀대로 다시 고멜을 찾아가서, 사랑한다고, 사랑한다고 말합니다.

> 그러므로 보라 내가 그를 타일러 거친 들로 데리고 가서 말로 위로하고 (호세아 2:14)

호세아가 말을 안 듣는 고멜을 거친 들로 데리고 가서 말합니다. '내가 당신을 사랑해, 내가 당신을 사랑해.' 마음 아파하고 괴로워하는 호세아에게 하나님께서 다시 말씀하십니다.

"네 아픈 마음 알아, 어렵지? 힘들지? 죽을 맛이지? 그래 알아, 그런데 이제 네 마음 내려놓고, 내 이야기 좀 들어보렴. 내가 이스라엘을 사랑했거든, 이스라엘 품으려고 정말 많이 이야기하고 정말 많은 것을 주었거든, 모든 노력을 다했거든, 그토록 애를 썼는데, 이스라엘 백성들은 끝없이 세상을 향해 도망갔단다, 세상과 벗하고 영적 간음을 저지르고, 치명적인 영적 문제인 죄를 저질렀단다."

호세아는 자신의 결혼생활을 통해 하나님의 마음을 깨닫고 마음이 뒤집어집니다. 자신의 아픈 마음에 하나님의 마음이 겹쳐지니 견딜 수 없게 됩니다. 그래서 호세아는 이스라엘 백성을 향해 '여호와를 알자, 여호와를 힘써 알자'고 말합니다. '사람들아! 사람들아! 정보로 아는 것이 하나님을 아는 것이 아니다! 하나님을 알자! 하나님을 알자!" 하나님의 마음은 깊은 사귐으로 아는 것입니다. 힘써 알아야 합니다. 당신의 아들을 찢으신 하나님의 그 사랑을 아셔야 합니다.

뮤지컬 루카스에서 앤디가 장례식에서 말한 것과 같습니다. 태어난 지 17일 만에 루카스는 하늘로 가지만, 영혼이 끈으로 이어져 있다고 말합니다. 내가 네 아버지고, 네가 내 아들이어서 고맙다는 것, 그것이 하나님의 마음입니다. 하나님이 그렇게 우리를 품고 싶으셨습니다. 당신의 아들 예수를 죽여서까지! 하나님은 그렇게도 우리의 삶을 깊은 끈으로 연결하고 싶으셨는데 우리는 그것을 원하지 않았습니다. 그래서 호세아가 실제 사귐으로 '여호와를 알자!'고 말한 것입니다. 그럼 우리는 왜 하나님을 관념으로만 알게 될까요?

> 그러므로 우리가 여호와를 알자 힘써 여호와를 알자 그의 나타나심은 새벽 빛 같이 어김없나니 비와 같이, 땅을 적시는 늦은 비와 같이 우리에게 임하시리라 하니라 (호세아 6:3)

그의 나타나심은 '새벽 빛 같이' 어김없이 임하십니다. 재정적으로 풍요하고, 세상에 온통 마음을 빼앗긴 그 시대에, 호세아는 하나님을 알자고 부르짖었습니다. '안다'는 말은 히브리어로는 '야다', 헬라어로는 '기노스코'입니다. 관계적으로 아는 것을 말합니다. 친밀하게 아는 것입니다.

> 여호와를 경외하는 것이 지식의 근본이거늘 미련한 자는 지혜와 훈계를 멸시하느니라 (잠언 1:7)

'근본'이란 단어는 히브리어로 '레시트', '시작한다'는 뜻입니다. 하나님을 알든 세상을 알든, 지식에는 시작이 있습니다. 그런데 여호와를 경외하는 것이 지식의 시작이라고 말씀합니다. 여호와를 경외하는 것이 무엇입니까? 여호와를 경외하는 것은 하나님 앞에서 사는 것입니다. 하나님 앞에서의 삶이 여호와를 경외하는 것입니다. 여러분이 목사인 저랑만 같이 살아도 삶이 많이 정돈될 것입니다. 성인 남자가 혼자 소돔의 도시 같은 곳에 출장을 가면, 죄인의 속성상 이상한 생각을 할 수도 있습니다. 그런데 부인이 함께 가도 그런 생각을 계속할 수 있을까요?

하나님 앞에서 살고 있음에도, 내 생각을 주장할 수는 없습니다. 하나님 앞에서 산다는 것은 내가 주인되어 사는 것이 아니라, 하나님의 뜻대로 사는 것입니다. 그래서 지식의 시작이란 내가 주인되지 않는 삶을 의미합니다. 지식의 시작은 무엇을 아는 것이 아닙니다. 하나님이 주인되는 것입니다. '여호와를 알자'는 것은 '하나님이 주인됨을 알자'는 뜻입니다. 하나님이 주인되었을 때, 나의 주인됨을 버렸을 때, 그분이 새벽빛같이 나타나십니다. 새벽빛은 여명입니다. 어두우면 분별하지 못합니다. 어두웠을 때 밝은 빛이 오면 분별됩니다. 내가 무엇을 분별한다는 것은 곧 내가 주인으로 산다는 것입니다. 그런데 하나님께서는 새벽빛같이 오십니다. 무슨 뜻입니까? 내가 주인되지 않았을 때 하나님께서 오신다는 것입니다.

판단되는 모든 것이 이제는 너무 힘듭니다. "이 사람, 영적으로 힘들겠어요" 하고 판단하는 것조차 힘듭니다. "그렇게 살면 안되는데, 이렇게 살아야 하는데" 하고 판단하는 것조차 힘듭니다. 저는 캄캄했으면 좋겠습니다. 새벽이었으면 좋겠습니다. 제가 주인되지 않을 때만 그분이 오셔서 분별할 수 있습니다. 그래서 예수님과 함께 십자가에서 죽어야만 됩니다. 자아가 죽지 않으면 아무리 선한 일을 한들, 결국은 자아를 채우려는 몸짓밖에는 되지 않습니다.

병든 자아가 죽기 전에는 하나님을 아무리 안다고 해도 귀신같은 믿음입니다. 병든 자아로는 실제 관계적으로 하나님을 알지 못합니다. 이스라엘 백성은 선민이었습니다. 그러나 그들은 고멜 같은 인생이었습니다. 하나님께서는 우리가 고멜이라고 하십니다. 병든 자아로는 예수님과 절대 사귈 수 없습니다. 열심히 노력하고 무엇을 보강해도 병든 자아는 회복되지 않습니다. 예수님과 함께 죽을 때에만 자아가 회복되고 예수님이 주인되십니다. 제가 상담을 10년 넘게 공부했지만 결론이 안 납니다. 상처가 아물면 건강한 자아가 된다고 하는데, 만일 상담자가 병든 자아를 갖고 있으면 상담받는 상대를 십자가로 데리고 가지 않습니다. 오히려 그 사람이 좋아할 만한 곳으로 데리고 갑니다. 즉, 십자가가 아니라 가정의 행복이나 기쁨을 위한 자리로 이끌어가려고 합니다. 병든 자아의 목적은 가정에 있고, 행복에 있기 때문입니다. 공부도 상담도 직장생활도 재정도, 우리 삶의 모든 초점은 모두 거기에 맞춰져 있습니다.

그러나 주님은 우리 마음을 사신 뒤에 우리를 십자가로 데리고 가십니다. 그때에만 하나님의 마음을 알고, 따라갈 수 있기 때문입니다. 삶에서 주님과 친밀하게 교제하기를 원한다면, 병든 자아로 종교적 열심을 내고 예배드리는 것이 아니라, 예수님과 함께 십자가에서 죽고 예수님과 함께 다시 살아야 합니다. 자아가 죽지 않은 종교생활은 재정을 확보하고 사회적 지위를 확보하기 위해 예수님을 이용합니다. 고멜처럼 영적 간음을 저지르게 됩니다. 주님 더 알고 싶다고, 정말 주님으로 사는 것 알고 싶다고 기도하시기를 예수님의 이름으로 축복합니다.

| 가을의 장 |

믿음의 실력과 기도는 비례한다

11. 기도하라! 골로새서 4:2
12. 하나님을 부르짖으라! 예레미야 33:1-3
13. 기도가 말씀 따라 살게 한다 열왕기상 18:20-40
14. 어떤 사실에 마음을 두는가 시편 18:1-6
15. 무엇을 앙모하는가! 이사야 31:1-3
16. 그러므로 이렇게 기도하라! 마태복음 6:5-15

골로새서 4:2

    기도를 계속하고 기도에 감사함으로 깨어 있으라

11. 기도하라 !

올해에도 120시간 연속 기도회 시간이 다가왔습니다. 월요일 새벽부터 토요일 새벽까지 성도들이 단독으로, 삼삼오오로, 또는 공동체가 함께 120시간을 릴레이로 기도하는 시간입니다. 120시간 연속 기도회 사역을 맡고 있는 집사님이 지난해에는 세계 선교를 품고 기도하자는 기도 제목을 교회에서 주었는데, 올해는 어떤 기도 지침이 있는지 물었습니다. 합심해서 기도할 때는 기도 제목을 공유하고 마음을 모으는 것이 맞을 것입니다. 그런데 당연하게 보이는 그 질문이 저에게 아주 낯설게 느껴졌습니다. 하나님께서 저에게 무언가 말씀하실 것이 있다는 사실을 직관적으로, 또 경험적으로 알아차렸습니다. 그래서 지난 한 주 동안 긴장했습니다. 하나님께서 목사인 저에게 말씀하실 것이 있는데, 그 하나님의 음성을 제대로 알아듣지 못하면 어쩌나, 하는 마음으로 지냈습니다. 그 결과로 오늘 말씀을 여러분에게 전하는 것입니다. 하나님께서는 "기도에는 목적이 있단다, 기도의 내용을 살펴보고 성경적 관점에서 지금 하고 있는 기도가 옳은지 보거라" 하는 마음을 주셨습니다. 오늘 말씀을 통해 우리가 왜 기도하고, 어떤 내용으로 기도하는지 살펴볼 것입니다.

모든 종교에는 기도가 있습니다. 심지어 종교가 없는 사람조차 간절하게 기도합니다. 새벽마다 목욕재계하고 정화수 떠놓고 100일 기도하는 사람들 있습니다. 불교에서 파생한 한 사이비종교가 있는데, 그분들 기도하는 것 보면 대단합니다. 얼굴도 밝습니다. 우상의 이미지를 찾아보기 어렵습니다. 이방 종교나 이단들의 기도 열심, 분명히 있습니다. 그러나 그들이 죽지 않는다고 믿는 그들의 교주도 결국 죽습니다.

한 장례식장을 다녀왔습니다. 예수님을 모르는데, 그분의 어머니가 기도하시다가 기도하시는 자세로 돌아가셨다며 선종(善終)이라고 말하는 것을 보고 마음이 많이 아팠습니다. 그 어머니의 기도 내용이 무엇이었을까요? 오로지 자식들을 위해 밤낮없이 금식하며 기도한 것은 아니었을까요?

이방신을 섬기는 기도 내용을 보면 세상에서 크게 벗어나지 않습니다. 이방신을 향한 기도는, 자신들이 섬기는 신과 친해지기 위한 것이 아닙니다. 그들은 가족, 건강, 사업, 자녀, 재정을 위해서 기도합니다. 컨디션이 조금 더 좋으면 세계 평화를 위해서도 기도합니다. 그럼 하나님의 사람들이라고 일컫는 분들의 기도와 그분들의 기도가 다를까요? 기도 내용이 다르지 않다면, 우리가 하나님을 섬기는 신앙과 그들이 이방신을 섬기는 신앙이 뭐가 다를까요?

애굽의 총리가 된 요셉은 어린 나이에 형들에 의해 애굽에 팔려갔습니다. 보디발의 집까지 끌려가는 짧지 않은 시간 동안 요셉은 기도했을까요? 기도했다면 어떻게 기도했을까요? 하나님의 영광을 위해서 기도했을까요, 풀려나게 해달라고 기도했을까요? 아마도 후자였겠지만 기도 응답은 안 됐습니다. 그 요셉이 보디발의 집에서 성실하게 일했지만 또 억울하게 감옥에 갑니다. 요셉은 그때에도 풀려나게 해달라고 기도하지 않았을까요?

우리는 어떤 필요를 채우고 응답받기 위한 도구로 기도를 사용합니다. 기도의 초점이 응답에 있습니다. 그러나 응답에 목적을 둔 기도는 의미 없습니다. 고난 받는 요셉의 그 애절한 기도에 하나님께서 바로 응답하셨다면 요셉은 총리가 될 수 없었을 것입니다. 응답의 도구로 기도를 사용하고 있다면 빨리 회개하셔야 합니다.

아이들에게 가장 중요하고 복된 것은 부모와 함께 있는 것입니다. 8, 9세 아이가 무엇을 사달라고 했을 때 아빠가 사 주지 않으면 불만스러운 표정을 짓습니다. 그런데 그 아이에게 아빠 자체가 없어진다고 생각해 보십시오. 그것보다 더 불행한 일이 있겠습니까? 그런데 우리가 바로 그런 식으로 삽니다. 주님의 손길 아래 있다는 것이 얼마나 큰 복이라는 것을 모르고 삽니다. 그 삶이 아주 일상적이기 때문입니다.

우리에게 가장 큰 복은 하나님께서 함께하시는 것입니다. 하나님께서 그 복을 거두어가면, 외부 세력이 이스라엘을 침략해서 백성들을 괴롭히는 일들이 우리에게 일어나게 됩니다. 어린아이의 소원을 들어주고 안 들어주는 것보다 더 중요한 것은 부모가 함께한다는 것입니다. 주님과 함께한다는 것이 실감 나셔야 믿음입니다.

> 기도를 계속하고 기도에 감사함으로 깨어 있으라 (골로새서 4:2)

쉬지 말고 기도하라고 하면 느낌이 어떻습니까? 혹시 벌로 생각되지는 않으십니까? 응답을 받기 위해 쉬지 않고 기도해야 한다면, 얼마나 힘들겠습니까?

> 아무 것도 염려하지 말고 다만 모든 일에 기도와 간구로, 너희 구할 것을 감사함으로 하나님께 아뢰라 (빌립보서 4:6)

쉬지 말고 아무것도 염려하지 않고 기도하면, 평강의 하나님께서 마음을 지키신다고 하십니다. 응답 받기 위해 기도하는 것이 아니라는 말씀입니다. 응답이 목적이라면, 쉬지 않고 기도하기는 어렵습니다. 그러나 사랑의 차원이고 친밀함의 차원에서 기도한다면, 쉬지 않고 기도하는 것은 어렵지 않게 됩니다.

이조년(李兆年)의 《다정가(多情歌)》, 이화(梨花)에 월백(月白)하고 은한(銀漢)이 삼경(三更)인제, 일지춘심(一枝春心)을 자규(子規)야 알랴마는 다정(多情)도 병(病)인 양하여 잠 못들어 하노라. 다정(多情)도 병이 된다고 합니다. 정지용 시인의 유리창은 아들을 떠나보내고 지은 절절한 시입니다. 아들을 떠나보내도 부모 가슴에는 아들이 남아있습니다. 예전 어머니들은 맛있는 것을 먹을 때마다 군대 간 아들이 떠오른다고 했습니다. 갈비를 먹을 때마다 아들 보고 싶다며 아들에 대한 절절함을 드러냈습니다. 이처럼 친밀함이 스며져 있으면 그 아들은 마음에 계속 있습니다. 하나님께서도 기도는 응답에 초점이 있는 것이 아니라 그 친밀함으로 들어오는 것이라고 하십니다.

26 이와 같이 성령도 우리의 연약함을 도우시나니 우리는 마땅히 기도할 바를 알지 못하나 오직 성령이 말할 수 없는 탄식으로 우리를 위하여 친히 간구하시느니라 27 마음을 살피시는 이가 성령의 생각을 아시나니 이는 성령이 하나님의 뜻대로 성도를 위하여 간구하심

이니라 (로마서 8:26-27)

우리는 마땅히 기도할 바를 알지 못한다고 성경이 말하고 있습니다. 기도는 응답 차원이 아니라, 하나님의 마음 가운데 들어가는 것입니다. 구약 시대에 하나님께 나아가려면 성막 뜰을 통과해 성소에 들어가고 지성소까지 가게 됩니다. 성막 뜰에 오면 가장 먼저 번제단에서 제물을 드려야 합니다. 지금 관점으로 보면 죄인인 내가 죽어야 한다는 것입니다. 하나님 앞에 나아가려면 나의 죽음을 경험해야 합니다. 내가 죽지 않고 하나님 앞에 나아가는 것은 종교생활입니다.

교회에 안 나온지 꽤 오래된 집사님이 있었습니다. 가정도 어렵고 경제적 상황도 어렵고, 술도 드시고 삶이 총체적으로 힘들었습니다. 제가 심방을 갔습니다. "집사님! 교회 안 나오신지 오래 됐고 술도 많이 드시고 부부생활도 엉망이라면서요 집사님, 다시 교회 나오세요." 그 집사님이 제 이야기를 듣고, "목사님 말이 맞아요, 제가 너무 세상에 푹 빠져 살았어요. 제가 교회 갈게요" 하고 실제로 교회 나오면, 우리는 잃어버린 양이 교회 나왔다고 좋아합니다. 하지만 분별하셔야 합니다. 양이 아닙니다. 늑대가 그냥 교회 나온 것입니다. 늑대가 회심한 것처럼 양의 무리 가운데 온 것입니다. 양은 거듭나야 됩니다. "내 양은 내 음성을 들으며 나는 그들을 알며 그들은 나를 따르느니라"(요한복음 10:27) 하셨습니다. 예수님의 음성을 든고 따르기 위해서는 번제단에서 자아의 죽음을 경험해야 합니다. 십자가에서 예수님과 함께 죽고, 함께 살아야 합니다. 자녀 문제, 부부 문제, 돈 문제, 집 문제, 건강 문제, 사업 문제를 가지고 성전에 나왔는데, 번제단에서 죽고 보니까 그런 문제들이 의미가 없어집니다. 그래서 성령께서 말할 수 없는 탄식으로 기도하게 하십니다. 기도는 내가 죽고 주님과 친밀해지는 것입니다.

성소에 들어가면 왼편에 일곱 금촛대가 있는데 그것은 성령을 의미합니다. 성령이 오시면 분별이 생깁니다. 내 안에 무엇이 있는지 보게 됩니다. 오른쪽에는 떡상이 있는데 말씀을 의미합니다. 그리고 그 앞에 향로가 있습니다. 하루 24시간 내내 꺼지지 않아야 하는 향불은 기도를 의미합니다. 하나님께서는 그 향을 흠향했다고 하십니다. 기도의 목적은 응답이 아니라 친밀한 관계입니다. 기도는 그래서 호흡입니다. 내 마음에 달라붙어 있는 재정, 사업, 자녀의 문제를 떼어내고 내 마음이 온전하게 주님께 가 있도록 만드는 것이 기도입니다.

다윗이 전쟁터에서 골리앗을 보니, 하나님을 업신여기는 상황이 보였습니다. 많은 이스라엘 군사들은 골리앗의 업신여김을 보고도 대항하지 못했습니다. 다윗은 그것이 이상했습니다. 다윗은 만군의 주 여호와의 이름으로 골리앗을 대항하기 위해 나아갔습니다. 하나님이 만군의 여호와라는 인식은 다윗뿐만 아니라 사울 왕에게도 있었습니다. 즉, 사울 왕도 하나님을 섬겼습니다. 그런데 왜 골리앗을 대하는 자세가 달랐을까요? 다윗과 사울 왕의 차이는 바로 관계적 믿음과 교리적 믿음의 차이입니다. 사울 왕도 만군의 여호와를 압니다. 그러나 신념화된 믿음과 관계적 믿음은 다릅니다. 다윗이 골리앗과 싸울 때, 하나님이 계셔, 하나님께서 함께하실 거야, 하는 마음은 자기 최면이 아닙니다. 머리에 입력된 어떤 교리가 아닙니다. 다윗은 실제 만군의 여호와를 본 것입니다. 그래서 골리앗이 우습게 보인 것입니다. 그것이 믿음입니다. 주님 앞에서, 주님 안으로 깊이 들어가 친밀함을 경험하는 것이 믿음입니다. 내 마음에 붙어 있는 세상의 것들을 분리되게 만드는 것이 기도입니다. 문제 해결해주세요, 하는 것이 기도가 아닙니다. 내 마음에 붙어 있는 사업, 자녀, 남편, 아내, 돈! 죽고 나면 그것은 아무 소용이 없습니다.

> 25 수많은 무리가 함께 갈새 예수께서 돌이키사 이르시되 26 무릇 내게 오는 자가 자기 부모와 처자와 형제와 자매와 더욱이 자기 목숨까지 미워하지 아니하면 능히 내 제자가 되지 못하고 27 누구든지 자기 십자가를 지고 나를 따르지 않는 자도 능히 내 제자가 되지 못하리라 (누가복음 14:25-27)

26절, 자기 부모와 처자와 형제와 자매와 자기 목숨까지 미워해야 한다는 말씀을 읽으면 부담스러울 것입니다. 그럼 예수님이 이렇게 매정하신 분이실까요? 기도의 목적은 주님께 나아가는 것입니다

다. 나아갈 때는 반드시 죽음을 경험해야 합니다. 우리의 기도는 다 26절에 걸려 있습니다. 우리의 기도 내용을 보면 부모나 처자나 형제, 자기 목숨의 범주를 벗어나지 못합니다. 이것을 위해 돈이 필요하고, 삶의 지위가 필요하고, 사회적 영향력을 필요로 합니다. 그런데 주님께서는 우리의 기도 제목이 먼저 죽어야 한다고 하십니다. 이 기도 제목이 변하지 않고서는 주님께 나아갈 수 없다고 말씀하십니다.

세상에서 어떤 것을 향해 치열하게 살다가, 혹은 세상의 유익을 누리며 흥청망청 살다가 믿음의 사람에게 권면 받아서 오랜만에 교회 왔다고 양은 아닙니다. 마음에 달라붙어 있는 것을 떼어내야 합니다. 번제단에서 죽어야 합니다. 마음에 달라붙은 것을 떼어내는 것은 예수님과 함께 십자가에서 죽고 다시 살 때만 가능합니다. '지혜'는 아람어로 '지금 하나님의 음성을 듣는 귀'입니다. 우리가 어떻게 살고 있는지 정직하게 돌아보셔야 합니다. 결국 우리는 주님과 마주합니다. 결국 우리는 주님과 만납니다. 주님을 심판의 자리에서 한 번만 볼 것인지, 천국에서 영원히 볼 것인지, 먼저 우리 속을 들켜야 합니다.

'관계도 좋고, 사업도 잘 되고, 자녀들도 괜찮고, 성격도 좋고, 다 좋은데 예수 믿는 것 하나만 더 있었으면 참 좋겠다.' 이렇게 말하는 게 망할 짓입니다. 여러 가지 가운데 하나로 예수가 아닙니다.

제가 이렇게 속고 살았습니다. '집사님 성품도 참 좋은데, 이 가정에 예수님 믿는 것 하나 더 있으면 참 좋겠어요' 제가 이렇게 말했었습니다. 아닙니다. 내 부모나 처자나 자식에게나 온통 주님이 보여야 합니다.

120시간 연속 기도회를 통해 여러분 마음에 달라붙어 있는 세상의 것을 먼저 떼어내시기 바랍니다. 엉터리 기도 제목을 열렬하게 기도하는 것이 믿음이 아닙니다. 그렇게 기도하는 것은 거듭나지 않았다는 확실한 증거일 뿐입니다. 주님의 사람이 아니라는 확실한 증거입니다. 하나님께서 요셉의 기도에 응답하지 않으신 이유가 있었습니다. 사울 왕이 골리앗을 무서워하는 이유가 있었습니다. 골리앗과 같은 무서운 존재가 다윗의 마음에서 분리되었을 때 그 하나님을 보는 것입니다. 믿음은 죽이는 것입니다. 내가 사로잡혀 있던 세상 것들, 그것이 먼저 깨어져야 하고 자아가 죽어야 합니다.

여러분에게 사과드릴 것이 있습니다. 한 집사님에게 어떤 문제가 있으면, 그 집사님의 가정 문제, 재정 문제, 관계 문제를 중보하는 것이 제 직임인 줄 알았습니다. 그것을 위해 많이 울기도 했고 속상하고 아프고 힘들기도 했습니다. 그러나 지금은 전혀 그렇지 않습니다. 지금 제 관심은 하나입니다. "반드시, 집사님은 죽습니다. 그 죽음은 언제일지 모릅니다. 반드시 주님 앞에 섭니다. 반드시 심판 있습니다."

로마서 9장을 보며 얼마나 통곡했는지 모릅니다. 주님을 사랑할수록 혈육에 대해 아파하는 마음이 생긴다는 것을 성경을 통해 확인했습니다. 하나님을 사랑할수록 깨닫게 됩니다. 심판 이후에는 천국, 지옥으로 갈라집니다. 그래서 기도를 주신 것입니다. 쉬지 말고 하나님께 계속 마음 붙이라는 것입니다. 마음에 달라붙어 있는 다른 것을 회개하셔야 합니다.

여러분의 최고 목표가 무엇입니까? 저에게도 딸의 만남, 관계, 진로가 중요했습니다. 그러나 지금은 그런 기도 안 합니다. 제 딸이 심판 날에 주님 앞에 온전히 설 것인가! 그것이 저의 기도입니다. 번제단 앞에서 죽은 경험이 없기에 세상은 계속 우리 마음에 달라붙어 있습니다. 그래서 기도를 통해 떼어내는 것입니다. 기도는 영원이요, 관계입니다. 그리고 그 하나님과의 친밀함 가운데 응답도 있게 됩니다.

예레미야 33:1-3

1 예레미야가 아직 시위대 뜰에 갇혀 있을 때에 여호와의 말씀이 그에게 두 번째로 임하니라 이르시되
2 일을 행하시는 여호와, 그것을 만들며 성취하시는 여호와, 그의 이름을 여호와라 하는 이가 이와 같이 이르시도다
3 너는 내게 부르짖으라 내가 네게 응답하겠고 네가 알지 못하는 크고 은밀한 일을 네게 보이리라

12. 하나님을 부르짖으라 !

오늘 말씀을 통해 하나님의 마음을 얼마나 오해했는지, 우리 신앙이 얼마나 엉터리인지 보게 될 것입니다. 성경적 관점의 '부르짖음'에 대해 살펴봄으로써 무엇을, 또 어떻게 부르짖을 것인지 선명하게 볼 것입니다.

> 너는 내게 부르짖으라 내가 네게 응답하겠고 네가 알지 못하는 크고 은밀한 일을 네게 보이리라 (예레미야 33:3)

하나님께서 우리가 알지 못하는 크고 은밀한 일을 보이리라고 말씀하십니다. 우리가 부르짖으면, 하나님께서 응답하십니다. 부르짖는 기도의 내용을 보면 대부분 '되고 싶고, 하고 싶고, 갖고 싶은' 것입니다. 그것을 위해 우리는 부르짖습니다.

> 1 예레미야가 아직 시위대 뜰에 갇혀 있을 때에 여호와의 말씀이 그에게 두 번째로 임하니라 이르시되 2 일을 행하시는 여호와, 그것을 만들며 성취하시는 여호와, 그의 이름을 여호와라 하는 이가 이와 같이 이르시도다 (예레미야 33:1-2)

예레미야가 시위대 뜰에 갇혀 있습니다. 역사적 배경은 이렇습니다. 예레미야는 18살 때 하나님의 소명을 받습니다. BC 627년, 요시야 왕의 재위 때입니다. 그 후 예레미야는 40년간 선지자의 사명을 감당합니다. 요시야 왕은 하나님으로부터 옳다 여김을 받은 선왕입니다. 요시야 왕은 종교개혁을 통해 모든 우상을 무너뜨립니다. 그때 예레미야가 선지자로 부름 받았습니다. 요시야 왕은 이집트와의 '므깃도 전쟁'에서 전사합니다. 하나님께 인정받았던 요시야 왕의 죽음으로 선민인 이스라엘 백성들은 위기감을 느낍니다. 그래서 요시야 왕 둘째 아들 여호아하스를 왕으로 세웁니다. 그러나 그도 석 달 후 이집트 느고왕이 쳐들어와서 폐위되고 여호아하스는 포로로 잡혀갑니다. 그리고 이집트의 느고왕은 요시야 왕의 첫째 아들 여호야김을 왕으로 세웠는데 이 여호야김이 바빌론에 바치던 조공을 중단합니다. 그때 바빌론의 느부갓네살 왕이 침공하는데 그때가 BC 605년입니다. 바빌론이 다시 유다 왕국을 점령하고 유다의 유능한 귀족 다니엘 등을 포로로 잡아갑니다. 왕 여호야김도 포로로 끌려갑니다. 바빌론은 여호야김의 여덟 살 된 아들 여호야긴을 왕으로 세웁니다. 그러나 막후정치 세력이 반기를 들자, 바빌론이 다시 침공해 여호야긴을 폐위시키고 잡아갑니다. 2차 포로가 생긴 때가 BC 598년입니다. 만 명의 기술 숙련공도 포로로 잡혀갑니다. 그렇게 휘청거리는 상황에서 요시야의 막내아들 시드기야가 왕이 됩니다. 시드기야가 10년째 다스리고 있던 때는 BC 587년입니다. 이때 예레미야가 시위대 뜰에 갇혀 있었습니다. 유다 왕국은 1년 뒤인 BC 586년에 망했습니다. 시드기야가 예레미야를 불렀을 때 예레미야는 처음부터 끝까지 하나님의 마음을 전합니다. 백성들이 하나님을 반역하여 다른 길을 가고 있고, 심판이 있게 될 것이라고 말했습니다. 그리고 바빌론에 항복하고 속국이 되면 70년 뒤에 새로운 기회가 올 것이라고 전했습니다. 예레미야가 왕에게 바빌론의 포로가 되라고 하자 시드기야 왕은 화가 나서 선민인 이스라엘이 그렇게 굴복할 수 없다며 오히려 바빌론을 대적합니다. 그래서 예레미야도 감옥에 가두었습니다. 그때 하나님께서 부르짖으라고 말씀하셨습니다.

간절히 부르짖으면 우리의 모든 필요를 하나님께서 채워주실 것이라는 뜻이 아닙니다. 사업이 안 될 때 간절하게 부르짖으면 주님이 응답하시고 채우신다는 뜻이 아닙니다. 말씀을 말씀하신 그대로 보십시오. 사업을 위해 간절히 기도했을 때 하나님께서 어떻게 응답하신다고 나와 있습니까? 우리가 알지 못하는 크고 은밀한 일로 답하신다고 하셨습니다. 즉, 우리가 기도한 내용, 돈이나 자녀나 사업이나 관계가 아니라, 우리가 알지 못하는 다른 일로 응답하신다는 것입니다.

초등학생이 아빠랑 길을 가고 있는데 무서운 개가 달려들면 어떻게 할까요? 다급하게 '아빠' 하고 부를 것입니다. 아빠는 어떻게 응답합니까? 일단 아이부터 안아줄 것입니다. 개부터 혼내주지 않습니다. 아이부터 안아주는 것이 응답입니다. 집에 큰일이 생겼다고 화급하게 다가오는 아내가 있다면, 그 아내 마음부터 읽어주고 안아주는 것이 순서입니다. 그 다음에 나가서 터진 일을 해결하는 것입니다. 부르짖는다는 개념이 그런 것입니다. 바빌론이 유다 공동체를 침공했습니다. 하나님께서는 바빌론에 항복하고 속국이 되라고 하시는데, 백성들은 듣지 않습니다. 그런데 기도는 합니다. 바빌론으로부터 구원해주세요, 바빌론을 이기게 해주세요, 하고 간절히 부르짖습니다. 그러나 그것은 '부르짖는' 기도가 아닙니다.

일을 행하시고 일을 만드시고 성취하시는 하나님이십니다. 천년 동안 선민은 하나님께서 무엇을 하셨는지 알고 어떤 분인지도 압니다. 그런데도 하나님께서는 다시 한 번 당신이 어떤 분인지 알려주십니다. 백성들의 신앙이 엉터리이기 때문입니다.

요셉은 형들에게 팔려가며 하나님께 구원해달라고 엄청 기도했을 것입니다. 그러나 그 기도는 응답되지 않았습니다. 보디발의 집에서 열심히 일했는데 또 감옥 갔습니다. 그럼 또 풀려나게 해달라고 기도했을 것입니다. 그런데 그런 요셉이 나중에는 '내가 어떻게 하나님 앞에서 죄를 지으리요'(창세기 39:9) 하면서 하나님을 바라봅니다. 그때 하나님께서 요셉이 알지 못하는 크고 은밀한 일을 행하십니다. 요셉을 총리로 이끌어 가십니다. 요셉이 알지 못하는 크고 은밀한 일을 보이시는 것입니다. 문제가 있어서 문제를 부르짖는 것이 아닙니다. 오직 하나님을 부르는 것입니다.

프랙탈(fractal) 이론이라는 것이 있습니다. 전체를 보면 부분을 알고, 부분을 알면 전체를 알 수 있다는 것입니다. 작은 역사적 사건을 보고도 세계사의 큰 흐름을 평가할 수 있고, 세계사를 보고도 작은 부분을 알 수 있다는 것입니다. 자석을 잘게 쪼개도 자석이라는 것을 알 수 있다는 것인데 그리스도의 몸에도 적용되는 이야기입니다.

기도하는 내용을 보면 그 사람의 신앙의 빛깔을 알 수 있습니다. 부르짖는 내용을 보면 그 사람의 신앙 수준을 알 수 있습니다. 마음이 고요하고 생각이 단정한 것이 무엇인지 경험하셔야 합니다. 목소리만 들어도 사람이 보입니다. 눈빛만 봐도 영성이 어떤지, 옷맵시만 봐도 그 사람 삶이 어떤지 알 수 있습니다. 속이 허해서 단정한 것처럼 보이는지, 주님 앞에 있기 때문에 단정한 것인지 구별할 수 있게 됩니다. 고요한 자태가 영적인 허전함 때문인지, 주님 앞에 머문 시간 때문인지 알게 됩니다.

제 아버지의 기도 내용을 보면 자녀와 손주들이 먼저입니다. 조금 더 컨디션이 좋으면 교회를 위해서 기도하고, 컨디션이 더 좋으면 세계평화를 위해서 기도할 것입니다. 그러나 사랑하겠다는 마음을 먹지 않아도 자녀와 손주들은 아버지 마음에 이미 쏙 들어와 있습니다. 아버지에게 말씀드렸습니다. "최소한 그만큼 하나님을 사랑하셔야 합니다. 아니, 그것보다 더 하나님을 사랑하셔야 합니다." 아버지가 대답했습니다. "아직 그 수준이 아니야" 네 맞습니다. 그래서 말씀드렸습니다. "아버지! 그 수준이 아니니까 부르짖어 기도하는 거랍니다."

재정, 사업, 입시, 취직, 관계, 자녀, 건강 등에 대한 두려움이 있습니다. 그런데 하나님보다 그런 두려움이 더 큽니다. 그래서 부르짖으라는 것입니다. "하나님, 이 두려움보다 하나님이 더 커야 되겠어요! 이 두려움보다 하나님을 더 경험해야겠어요! 제 마음에 주님께서 왕 되어 주셔야 되겠어요!" 그럼 주님이 오셔서 안아 주십니다. 그리고 크고 은밀하게 답하십니다.

대한민국이 뜨겁게 기도하는 때는 입시철입니다. 교회뿐만 아니라 절에서도 무속에서도 열심히 기도합니다. 재정, 자녀, 사업을 위해서는 그렇게 열심히 기도하지만, 하나님을 위해서는 얼마나 기도할까요? 하나님이 실제 되기 위해서는 얼마나 기도하시는지요? 부르짖으라는 것은, 취직보다 자녀보다 사업보다 재정보다 그 하나님이 실감 나기를 원한다고 기도하라는 말씀입니다.

포항에 좋은 교회가 있습니다. 수만 명의 젊은이들이 연예계 아이돌 공연을 몇 시간 동안 서서 보며 열광하고 환호하는 것에 정말 놀라고 마음 아팠다는 청년부 사역자가 있었습니다. 아이돌 앞에서도 그렇게 환호하는데, 하나님의 자녀라고 하는 젊은 친구들이 하나님 앞에서는 점잔빼는 것 같아서 마음이 괴롭다는 것입니다. 여러분 다른 것 먼저 구하지 마십시오. 하나님 앞에서 손을 들고 찬양하는 것이 안 된다면 부르짖어야 합니다. 예수님께 마음 쓰기도 어렵고 예수님을 생각하기도 어렵다면 먼저 부르짖어야 합니다.

소리는 신비한 영적 능력을 갖고 있습니다. 기도에는 통성기도와 침묵기도가 있습니다. 통성기도는 불의 기도입니다. 침묵기도는 빛의 기도입니다. 불과 빛은 다릅니다. 불은 활활 타오르고 전염성이 강하고 역동적이며 힘이 있습니다. 통성기도 하시는 분들은 대부분 아픈 분들이 많고 간절한 분들이 많습니다. 반면 빛의 계열, 침묵기도 하시는 분들은 하나님과 친밀함으로 들어가는데, 이 침묵기도를 하기 위해서는 오랜 훈련이 필요합니다. 지금 상태로 여러분이 침묵기도를 하면 다른 생각이 많이 들어올 것입니다. 영적으로 뛰어나도 다른 생각들이 들어오는 것을 막기가 어렵습니다. 침묵기도할 때는 그런 생각이 그냥 지나가는 훈련을 해야 합니다. 침묵기도를 하기 위해서는 깊은 훈련이 필요합니다. 지금 우리 교회는 통성기도 하는 것이 좋습니다. 혼자 있을 때 침묵기도 하시는 것은 좋지만 모였을 때는 합심해서 통성기도 하시는 것이 좋습니다. 통성기도 할 때 다른 성도들의 기도 소리가 귀에 거슬리는 분들은 침묵기도도 못하고 통성기도도 못 하는 분들입니다. 기도가 훈련되면 주변에서 천둥과 벼락이 쳐도 거슬리지 않습니다.

제가 있는 목양실이 여름에는 덥고 겨울에는 춥습니다. 10년 동안 힘들었는데 올해는 미세먼지가 심해서 커피숍에서 말씀을 볼 때가 많습니다. 처음에는 커피숍의 음악 소리가 귀에 거슬렸습니다. 그러나 오직 구속한 주만 보일 때는 아무것도 상관없습니다. 어떤 소리가 나도 상관없습니다. 통성기도 하는 것이 거슬린다면 더 훈련하며 함께 통성기도 하십시오. 주님 알기 원한다고 통성으로 기도하십시오. 문제보다 하나님을 부르짖으며, 주님 알기 원한다고, 주님 아니면 안 된다고 소리 내서 기도하셔야 합니다.

하나님께서 나를 이 교회로 보내신 이유가 무엇일까, 내가 남자로 태어난 이유가 무엇일까, 나를 이 회사로 보내신 이유가 무엇일까, 이런 것을 묻는 기도는 대부분 응답받지 못합니다. 순서가 틀렸기 때문입니다. 나를 위한 하나님의 뜻을 찾는 분들은 대부분 사납습니다. 올바른 순서를 말씀드리겠습니다. 제가 하나님께 여쭤봤습니다. "하나님, 하나님 보시기에 참좋았더라 교회를 세우신 목적이 무엇입니까?" 하나님께서 말씀하십니다. "그리스도의 몸을 세워야 해." 그때 저를 향한 하나님의 계획이 보입니다. "그럼 저는 무엇을 해야 할까요?" "그리스도의 몸이 되려면, 머리 되신 예수님의 말씀이 들려져야 한단다." 그래서 저에게는 주님 말씀을 말씀 그대로 전하지 않으면 견딜 수 없는 마음이 생깁니다. 처음부터 하나님께, 저를 우리 교회로 부르신 목적이 무엇입니까, 하고 묻는 것이 아닙니다. 하나님의 뜻을 먼저 묻는 것입니다.

순서가 중요합니다. "이 직장을 향한 하나님의 뜻이 무엇입니까?"하고 물어야 합니다. 하나님의 뜻이 보이면 그 직장에서 내가 무엇을 할 것인지 보입니다. 직장에서 생명의 말씀이 흘러가는 것을 원하시는 하나님의 뜻이 보입니다. 가정에서도 마찬가지입니다. 가정에서도 생명이 흘러가기를 원하시는 하나님 마음을 보게 됩니다. 그래서 저의 아버지에게 자녀보다 더 하나님을 사랑하게 해달라고 기도하셔야 한다고 이야기할 수 있는 것입니다.

우리는 교회를 향한, 회사를 향한, 가정을 향한 하나님의 뜻을 먼저 구해야 합니다. 그러면 그곳에서 하나님의 뜻을 행하기 위해 내가 할 것이 보입니다. 그것을 부르짖어야 합니다. 하나님께서 계획하시고 행하십니다. 우리는 그 하나님을 만나는 것입니다.

> 9 오직 주께서 나를 모태에서 나오게 하시고 내 어머니의 젖을 먹을 때에 의지하게 하셨나이다 10 내가 날 때부터 주께 맡긴 바 되었고 모태에서 나올 때부터 주는 나의 하나님이 되셨나이다
>
> (시편 22:9-10)

다윗이 사울 왕에게 10년간 쫓길 때 지은 시입니다. 다윗이 모태에서부터 하나님을 의지했다고 합니다. 갓난아이가 어떻게 그럴 수 있습니까? 이것은 신앙고백입니다. 누군가 갓난아기의 목에 칼을 들이밀며 "너 돈 있어야 해, 실력 있어야 해, 실력을 갖춰야 해", 이런 말을 해도 그 갓난아기는 아랑곳하지 않습니다. 성공에 대한 의식이 없기 때문입니다. 아기가 필요한 것은 엄마뿐입니다. 다윗이 말한 것이 그것입니다. 성공에 마음이 있지 않습니다. 재정에 있지 않습니다. 자녀에 있지 않습니다. 오직 하나님입니다. 그래서 주님을 부르고 주님이 필요하다고 기도합니다. 그것이 '내게 부르짖으라'는 뜻입니다. 그렇게 기도하시기를 예수님의 이름으로 축복합니다.

"하나님이 필요합니다! 하나님이면 됩니다! 성공보다 하나님이 귀하고 크다는 것 알기 원합니다! 주님 아니면 안 됩니다, 주님 부를 수밖에 없습니다! 하나님!"

열왕기상 18:20-40

20 아합이 이에 이스라엘의 모든 자손에게로 사람을 보내 선지자들을 갈멜 산으로 모으니라
21 엘리야가 모든 백성에게 가까이 나아가 이르되 너희가 어느 때까지 둘 사이에서 머뭇머뭇 하려느냐 여호와가 만일 하나님이면 그를 따르고 바알이 만일 하나님이면 그를 따를지니라 하니 백성이 말 한마디도 대답하지 아니하는지라
22 엘리야가 백성에게 이르되 여호와의 선지자는 나만 홀로 남았으나 바알의 선지자는 사백오십 명이로다
23 그런즉 송아지 둘을 우리에게 가져오게 하고 그들은 송아지 한 마리를 택하여 각을 떠서 나무 위에 놓고 불은 붙이지 말며 나도 송아지 한 마리를 잡아 나무 위에 놓고 불은 붙이지 않고
24 너희는 너희 신의 이름을 부르라 나는 여호와의 이름을 부르리니 이에 불로 응답하는 신 그가 하나님이니라 백성이 다 대답하되 그 말이 옳도다 하니라
25 엘리야가 바알의 선지자들에게 이르되 너희는 많으니 먼저 송아지 한 마리를 택하여 잡고 너희 신의 이름을 부르라 그러나 불을 붙이지 말라
26 그들이 받은 송아지를 가져다가 잡고 아침부터 낮까지 바알의 이름을 불러 이르되 바알이여 우리에게 응답하소서 하나 아무 소리도 없고 아무 응답하는 자도 없으므로 그들이 그 쌓은 제단 주위에서 뛰놀더라
27 정오에 이르러는 엘리야가 그들을 조롱하여 이르되 큰 소리로 부르라 그는 신인즉 묵상하고 있는지 혹은 그가 잠깐 나갔는지 혹은 그가 길을 행하는지 혹은 그가 잠이 들어서 깨워야 할 것인지 하매
28 이에 그들이 큰 소리로 부르고 그들의 규례를 따라 피가 흐르기까지 칼과 창으로 그들의 몸을 상하게 하더라
29 이같이 하여 정오가 지났고 그들이 미친 듯이 떠들어 저녁 소제 드릴 때까지 이르렀으나 아무 소리도 없고 응답하는 자나 돌아보는 자가 아무도 없더라
30 엘리야가 모든 백성을 향하여 이르되 내게로 가까이 오라 백성이 다 그에게 가까이 가매 그가 무너진 여호와의 제단을 수축하되

31 야곱의 아들들의 지파의 수효를 따라 엘리야가 돌 열두 개를 취하니 이 야곱은 옛적에 여호와의 말씀이 임하여 이르시기를 네 이름을 이스라엘이라 하리라 하신 자더라

32 그가 여호와의 이름을 의지하여 그 돌로 제단을 쌓고 제단을 돌아가며 곡식 종자 두 세아를 둘 만한 도랑을 만들고

33 또 나무를 벌이고 송아지의 각을 떠서 나무 위에 놓고 이르되 통 넷에 물을 채워다가 번제물과 나무 위에 부으라 하고

34 또 이르되 다시 그리하라 하여 다시 그리하니 또 이르되 세 번째로 그리하라 하여 세 번째로 그리하니

35 물이 제단으로 두루 흐르고 도랑에도 물이 가득 찼더라

36 저녁 소제 드릴 때에 이르러 선지자 엘리야가 나아가서 말하되 아브라함과 이삭과 이스라엘의 하나님 여호와여 주께서 이스라엘 중에서 하나님이신 것과 내가 주의 종인 것과 내가 주의 말씀대로 이 모든 일을 행하는 것을 오늘 알게 하옵소서

37 여호와여 내게 응답하옵소서 내게 응답하옵소서 이 백성에게 주 여호와는 하나님이신 것과 주는 그들의 마음을 되돌이키심을 알게 하옵소서 하매

38 이에 여호와의 불이 내려서 번제물과 나무와 돌과 흙을 태우고 또 도랑의 물을 핥은지라

39 모든 백성이 보고 엎드려 말하되 여호와 그는 하나님이시로다 여호와 그는 하나님이시로다 하니

40 엘리야가 그들에게 이르되 바알의 선지자를 잡되 그들 중 하나도 도망하지 못하게 하라 하매 곧 잡은지라 엘리야가 그들을 기손 시내로 내려다가 거기서 죽이니라

13. 기도가 말씀 따라 살게 한다

　기도가 말씀 따라 살게 합니다. 기도를 불에 많이 비유합니다. 기도는 살아 움직이게 하는 생동감이 있고 전염되는 속성이 있습니다. 깊이 기도하면 기쁨이 임합니다. 그런데 생동하게 하는 이 기도가 하나님 말씀 따라 움직이지 않으면 생동은 망동, 곧 망할 짓이 됩니다. 목회 하면서 기도 열심히 하는 분들 보게 됩니다. 센 기도, 몰입하는 기도를 하시는 분들, 귀합니다. 그런데 그분들이 말씀 따라 살아가는 삶과 멀어지면, 반드시 망할 짓을 합니다. 말씀 따라 움직이는 기초가 없으면 기도의 생동이 망동 됩니다.

　말씀이 임하면 소망이 임합니다. 든든한 마음이 자리 잡게 됩니다. 그래서 흔들리지 않고 예수님 가신 그 길을 걸어갈 수 있습니다. 말씀이 길이요 진리요 생명이요 열쇠입니다. 말씀은 기도와 함께 가지 않으면 힘을 잃어버립니다. 말씀에 대한 욕구가 있어서 성경을 몇 번씩 읽고, 잘 분석하고 이해가 깊어지더라도 기도가 따라가지 않으면 매우 사나워집니다. 파벌주의를 만들어냅니다.

3박 5일 태국을 다녀왔는데 작게 목회를 하고 계신 목사님 한 분을 깊이 만난 것이 무엇보다 기뻤습니다. 2년 뒤에 은퇴하실 진중하신 목사님이셨는데, 말씀에 대한 깊이가 있으셨습니다. 저에게 이런 이야기를 하셨습니다. "목회는 두 가지 차원이 있는데, 하나는 배워서 하는 목회고 또 하나는 받아서 하는 목회입니다. 그런데 이선세 목사님은 배워서 하는 목회 경험도 풍부한 것 같은데, 분위기를 보니 하나님으로부터 받아서 하는 목회를 하고 계시는 것 같습니다. 목사님은 받아서 목회를 하시기에, 생명이 살아나는 것을 주변에서 시기하는 일도 많을 겁니다, 주변을 잘 살피고 경계(境界)를 잘 살피세요." 난생 처음 듣는 말이었습니다. 그분은 배워서 하는 목회를 잘 했다고 합니다. 그런데 어느 날 생명이 흐르지 않는 '배운 목회'를 통해서도 목회를 잘 할 수 있다는 것을 알고 좌절감을 느꼈다고 합니다. 그 후 주님의 생각을 받는 일에 집중하다 보니, 많은 공격을 받게 되었는데 그 공격을 이길 힘이 없었다고 합니다.

'배워서' 목회 잘하시는 분들은 (하나님께 마음) '받아서' 하는 목회를 잘 이해하지 않는다고 합니다. 또 '받아서' 목회를 하는 분들은 '배워서' 하는 목회를 인정하지 않는다고 합니다. 그래서 그 경계선에서 주님 앞에 잘 머물기를 원한다고 말씀해 주신 것입니다. 그 목사님 부부의 자녀가 1남 2녀인데, 자녀는 물론 사위도 목사님이라고 합니다. 그 목사님은 자녀들이 예수님을 아는 것으로 끝나면 안 되겠다는 위기의식을 느꼈다고 합니다. 예수님을 아는 목회가 아니라 예수님을 믿는 목회, 예수님이 실제 되는 목회, 정말 복음이 살아 역사하는 목회를 자녀들이 알았으면 좋겠다는 마음을 주체할 수 없었다고 합니다. 시찰회나 노회를 통해 언어가 통하는 목사님들이 곳곳에 계신다는 사실에 감사했습니다.

하나님의 말씀을 듣고 따라갈 때, 안심하는 사람! 그때 하나님의 손길을 더 경험하는 사람이 믿음이 실제 된 삶입니다. 그런데 우리는 하나님의 말씀을 듣고 실행할 때, 이것이 안 될까 봐 저것에 난관이 생길까 봐 염려합니다.

> 20 아합이 이에 이스라엘의 모든 자손에게로 사람을 보내 선지자들을 갈멜 산으로 모으니라 21 엘리야가 모든 백성에게 가까이 나아가 이르되 너희가 어느 때까지 둘 사이에서 머뭇머뭇 하려느냐 여호와가 만일 하나님이면 그를 따르고 바알이 만일 하나님이면 그를 따를지니라 하니 백성이 말 한마디도 대답하지 아니하는지라 22 엘리야가 백성에게 이르되 여호와의 선지자는 나만 홀로 남았으나 바알의

선지자는 사백오십 명이로다 (열왕기상 18:20-22)

오늘 말씀은 갈멜산 전투, 곧 기도 시합에 대한 말씀입니다. 바알 선지자들과 하나님을 섬기는 엘리야의 대결입니다. 450대 1의 대결입니다. 예배의 터와 형식이 똑같습니다.

> 23 그런즉 송아지 둘을 우리에게 가져오게 하고 그들은 송아지 한 마리를 택하여 각을 떠서 나무 위에 놓고 불은 붙이지 말며 나도 송아지 한 마리를 잡아 나무 위에 놓고 불은 붙이지 않고 24 너희는 너희 신의 이름을 부르라 나는 여호와의 이름을 부르리니 이에 불로 응답하는 신 그가 하나님이니라 백성이 다 대답하되 그 말이 옳도다 하니라 25 엘리야가 바알의 선지자들에게 이르되 너희는 많으니 먼저 송아지 한 마리를 택하여 잡고 너희 신의 이름을 부르라 그러나 불을 붙이지 말라 (열왕기상 18:23-25)

바알 선지자들도 송아지 한 마리를 잡아서 제단 위에 올려놓았습니다. 엘리야도 그랬습니다. 같은 제단에 송아지를 올려놓고 거기에 불이 임하게 하는 신이 진짜 신이라는 시합을 한 것입니다. 결국 바알 선지자는 바알로부터 불을 받지 못했고 엘리야는 불을 받았습니다. 불을 받은 뒤 엘리야는 기손 시내에서 450명의 바알 선지자를 죽였습니다.

하나님으로부터 불을 받는다는 것은 '응답'입니다. 불을 받아야 삽니다. 사업이 힘들 때 역사하는 손길은 불입니다. 그것이 임해야 살고 활력소가 됩니다. 그 에너지와 같은 불을 받은 것은 엘리야였고 바알 선지자들은 받지 못했습니다. 여기서 우리 속마음을 봐야 합니다.

예배 장소는 같았지만 성격은 전혀 다릅니다. 그런데 구하는 것은 같습니다. 불이 임해야 삽니다. 우리가 예배드리는 이 예배당에서도 똑같은 일이 일어납니다. 바알 선지자들은 응답해달라고 기도했습니다. 그러나 응답이 없었습니다. 그때 바알 선지자들이 반응하는 장면이 26절부터 나옵니다.

> 26 그들이 받은 송아지를 가져다가 잡고 아침부터 낮까지 바알의 이름을 불러 이르되 바알이여 우리에게 응답하소서 하나 아무 소리도 없고 아무 응답하는 자도 없으므로 그들이 그 쌓은 제단 주위에서 뛰놀더라 27 정오에 이르러는 엘리야가 그들을 조롱하여 이르되 큰 소리로 부르라 그는 신인즉 묵상하고 있는지 혹은 그가 잠깐 나갔는지 혹은 그가 길을 행하는지 혹은 그가 잠이 들어서 깨워야 할 것인지 하매 28 이에 그들이 큰 소리로 부르고 그들의 규례를 따라 피가 흐르기까지 칼과 창으로 그들의 몸을 상하게 하더라 29 이같이 하여 정오가 지났고 그들이 미친 듯이 떠들어 저녁 소제 드릴 때까지 이르렀으나 아무 소리도 없고 응답하는 자나 돌아보는 자가 아무도 없

더라 (열왕기상 18:26-29)

아침부터 낮까지 불러도 응답이 없자 바알 선지자들은 피가 흐를 정도로 몸을 상하게 했고, 미친 듯이 떠들어댔습니다. 그러나 저녁까지 아무 응답이 없었습니다. 바알 선지자들은 바알에게 기도하면 응답이 있을 것이라고 믿었을까요? 믿지 않았을 것입니다. 욕구가 이루어지길 바라는 마음을 믿음이라고 생각하면 안 됩니다. 바알이 응답할 거야, 하는 믿음이 있어서 바알 선지자들이 기도한 것이 아닙니다.

돌을 바라보고 부르짖으며 기도한다고 해도, 그 돌과 커뮤니케이션이 되고, 돌이 내 의견에 반응할 것이라고 믿고 기도하는 것은 아닙니다. 그런데도 우리는 돌 같은 것을 보고 기도합니다. 바로 우리의 욕구 때문입니다. 바알신이 정말 응답할 것이라고 믿는다면 피가 흐를 정도로 몸을 상하게 하는 일이나 미친 듯이 떠드는 일 모두 불필요합니다. 그냥 기다리면 되기 때문입니다. 그러나 우리는 욕구를 이루기 위해 노력합니다. 그 욕구를 이루려는 노력을 믿음으로 착각합니다. 소원이 있기에 돌덩어리에 이야기하고, 소원을 이루기 위해 어떤 행동을 취하는데, 그것을 믿음으로 착각합니다.

30 엘리야가 모든 백성을 향하여 이르되 내게로 가까이 오라 백성이 다 그에게 가까이 가매 그가 무너진 여호와의 제단을 수축하되 31

야곱의 아들들의 지파의 수효를 따라 엘리야가 돌 열두 개를 취하니 이 야곱은 옛적에 여호와의 말씀이 임하여 이르시기를 네 이름을 이스라엘이라 하리라 하신 자더라 32 그가 여호와의 이름을 의지하여 그 돌로 제단을 쌓고 제단을 돌아가며 곡식 종자 두 세아를 둘 만한 도랑을 만들고 33 또 나무를 벌이고 송아지의 각을 떠서 나무 위에 놓고 이르되 통 넷에 물을 채워다가 번제물과 나무 위에 부으라 하고 34 또 이르되 다시 그리하라 하여 다시 그리하니 또 이르되 세 번째로 그리하라 하여 세 번째로 그리하니 35 물이 제단으로 두루 흐르고 도랑에도 물이 가득 찼더라 (열왕기상 18:30-35)

엘리야는 불을 달라고 기도하지 않습니다. 하나님을 높이고 있습니다. 바알 선지자와 다릅니다. 바알 선지자와 엘리야가 모두 똑같이 불을 구하는 것 같지만 성격은 다릅니다. 기도의 내용도 달랐습니다. 우리도 지금 예배의 자리에 함께 있지만 예배드리는 성격과 내용은 다를 수 있습니다. 욕구를 충족시키기 위해 예배드리는 사람과 하나님과의 관계 속에서 하나님을 바라보는 사람은 다릅니다.

이번 태국 여행에서 목사님 한 분이 시찰회 장로님들에게 이렇게 이야기했습니다.

"장로님들, 제발 기도 길게 하지 마세요, 제발 웅변하듯 기도하지 마세요, 그리고 회중을 향해서 기도하지 마세요."

장로님들에게는 길게 나열하고 웅변하고, 그것을 누가 봐줬으면 좋겠다는 욕구가 있다는 말입니다. 누가 봐주길 원할까요? 하나님일까요, 회중일까요? 정직하게 봐야 합니다. 그 욕구를 빨리 알아차려서 십자가에 못 박고, 하나님의 평가를 구하는 마음이 되어야 합니다. 그렇지 않으면 바알 선지자와 다를 것이 없습니다.

바알신이 응답하지 않습니다. 바알 선지자들에게는 반드시 불이 일어나야 합니다. 그래야 자기가 살고 인정받기 때문입니다. 불이 일어나지 않으면 죽기 때문입니다. 지위가 흔들리기 때문입니다. 그래서 아침부터 저녁까지 내가 일으키고, 내가 생산하고, 내가 만들려고 몸부림칩니다. 자기 몸이 상할 정도로 기도합니다. 어디서 많이 본 장면 아닌가요? 하나님의 임재가 아니라, 내가 그 불을 생산해내야 하기에 열심을 내서 기도하는 것, 보이십니까?

36 저녁 소제 드릴 때에 이르러 선지자 엘리야가 나아가서 말하되 아브라함과 이삭과 이스라엘의 하나님 여호와여 주께서 이스라엘 중에서 하나님이신 것과 내가 주의 종인 것과 내가 주의 말씀대로 이 모든 일을 행하는 것을 오늘 알게 하옵소서 37 여호와여 내게 응답하옵소서 내게 응답하옵소서 이 백성에게 주 여호와는 하나님이신 것과 주는 그들의 마음을 되돌이키심을 알게 하옵소서 하매 38 이에 여호와의 불이 내려서 번제물과 나무와 돌과 흙을 태우고 또 도랑의 물을 핥은지라 39 모든 백성이 보고 엎드려 말하되 여호와

그는 하나님이시로다 여호와 그는 하나님이시로다 하니 40 엘리야가 그들에게 이르되 바알의 선지자를 잡되 그들 중 하나도 도망하지 못하게 하라 하매 곧 잡은지라 엘리야가 그들을 기손 시내로 내려다가 거기서 죽이니라 (열왕기상 18:36-40)

때는 저녁 소제 드릴 때입니다. 소제는 쌀을 곱게 빻아서 드리는 제사입니다. 곱게 빻아서 드린다는 것은 곧 자아가 죽어야 한다는 것을 암시합니다. 엘리야가 무엇을 기도하고 있는지 보십시오. 첫째, 주께서 이스라엘 중에서 하나님이신 것! 둘째, 내가 주의 종인 것! 셋째, 내가 주의 말씀대로 이 모든 것을 행한 것을 알게 해달라고 기도했습니다. 불이 내려와야 참 신이고 이 시합에서 지면 죽기 때문에 반드시 필요한 것은 불입니다. 그러나 엘리야는 불을 달라고 기도하지 않았습니다. 바알 선지자들은 불을 만들려고 아침부터 저녁까지 용을 썼지만 엘리야는 달랐습니다.

여러분의 직장에도 하나님 계십니다. 직장에서 받아야 할 불이 있습니다. 에너지가 될 불이 있습니다. 직장에서도 하나님 계신 것 믿습니까? 가슴이 아니라 머리로라도 인정하십니까? 엘리야는 직장에서 하나님이 하나님 된 것을 알게 하옵소서! 하고 기도한 셈입니다. 직장에서 필요한 재정의 문제, 성과에 따르는 평가의 문제, 인정받음의 문제를 기도하지 않고, 하나님이 하나님이신 것을 나타나게 해달라고 기도한 것입니다. 재정과 하나님이 맞섰을 때 하나님이 이긴 것입니다. 보통 사람들은 돈에 대한 욕구가 훨씬 더 큽니다. 그런데 엘리야는 달랐습니다. 큰 난관으로 다가오는 그 문제보다 하나님이 훨씬 컸습니다.

부부 관계에서도, 자녀와의 관계에서도, 건강과 성취의 문제에서도, 우리 마음에는 어떤 욕구가 큽니다. 그때 하나님이 하나님 되신 것을 알게 해달라고 기도하는 그 믿음의 진수를 알고 누리셔야 합니다. 지금 사업이 안 되고 관계가 어려워서 힘든데, 오히려 그런 상황에서 하나님이 하나님 되신 것을 알게 해달라고 기도하는 믿음 갖고 싶지 않으십니까? 엘리야의 기도는 욕구를 채우기 위한 기도가 아니었습니다.

사도 바울이, 마음에 두 법이 싸우는데 오호라 나는 곤고하도다 한 것처럼, 지금 재정과 하나님이 싸우는데, 그 상황에서 엘리야는 하나님이 하나님 되신 것 알게 해달라고 기도했습니다. 세상은 우리에게 문제가 해결되어야 살 수 있고, 그래야 어떤 위치에 올라갈 수 있고, 또 이 정도는 채워져야 한다고 말합니다. 그런데 그때 엘리야는 하나님의 말씀이 실제로 스며있는 당신의 종으로 드러나게 해달라고 기도했습니다. 놀랍지 않으십니까?

"예수님을 사랑합니다. 예수님이 나의 구주이십니다. 예수님이 나를 위해 십자가에서 죽으셨습니다. 그래서 저는 구원받습니다. 주님을 사랑합니다. 주님을 기뻐합니다. 주님이 나의 주인입니다!" 이런 고백이 가치 있습니까? 하나도 의미 없습니다. 성경대로 이야기하겠습니다. 그런 고백은 아무 의미가 없습니다. 주여 주여 하는 자마다 다 천국에 갈 것이 아니라고 하셨습니다.

'주여 주여 하는 자'는 예수님을 주인님으로 고백한 사람입니다. 그런데 예수님께서는 하나님의 뜻대로 행하는 자가 천국에 갈 것이라고 하셨습니다.(마태복음 7장) 행위신학을 이야기하는 것이 아닙니다. 주님을 주님으로 아는 사람에게는 성령의 역사가 있습니다. 성령이 내적으로 역사하면 강력하게 하나님을 추구하게 만듭니다. 주님, 주님, 주님, 하는 고백도 중요하지만 고백의 진정성! "주님의 그 말씀이 내 삶에 그대로 이루어지는 것 보게 하시옵소서!" 하고 기도하게 됩니다. 욕구를 따라가는 신앙으로는 이런 기도를 하지도 못하고 알지도 못합니다. 그러나 엘리야는 알았습니다. 부르짖는다는 개념을 알았습니다. 내가 말씀대로 행하고, 사람들이 그것을 알고 깨닫고 보기를 원한다고 기도했습니다. 하나님과의 살가운 관계 속에서 모든 것이 말씀대로 이루어지기를 원하는 사람이었습니다.

에너지가 필요합니다. 재정이 필요합니다, 그러나 그것을 구하는 것이 아니라, 그 속에서도 하나님이 하나님 되신 것과 내가 주의 종인 것과 내가 주의 말씀대로 행하는 것을 만방에 알게 하옵소서, 우리도 그렇게 기도해야 합니다. 이 기도가 어디에서 이루어져야 합니까? 직장입니다. 삶의 현장입니다. 회사에 하나님 계십니다. 많은 문제가 있고 갈등이 있고 염려가 있습니다. 그러나 그때 하나님께서 이겨야 합니다. 부하 직원이나 상사와 갈등이 있을 때 하나님께서 이겨야 합니다. 하나님께서 성과를 이겨야 합니다. 직장에 있는 모든 부문을 하나님께서 휩쓸기를 축복합니다.

우리는 욕구가 이루어지는 것을 신앙으로 생각합니다. 바알 선지자들이 추구한 것입니다. 귀신같은 믿음입니다. 이 욕구는 십자가 외에는 깨질 길이 없습니다. 곱게 빻아 드리는 소제처럼 우리도 십자가에서 예수님과 함께 빻아져야 합니다. 저는 하나님이 실제로 믿겨지지 않을 때 흉내라도 내고 싶었는데, 하나님께서는 그 흉내 내고 싶은 마음까지도 사셨습니다. 저도 삶의 현장에서 하나님이 하나님 되신 것 보고 싶었고, 다윗처럼 온 우주에 가득한 하나님의 영광 보고 싶었습니다. 그래서 시편 8편, 시편 18편이 저에게는 괴로움이었습니다. 하나님 이름이 온땅에 어찌 그리 아름다운지요, 하는 그 찬송이 실제가 안 되어서 너무 괴로웠습니다. 만물에 가득한 하나님의 영광을 보고 싶어서, 나무를 보고 풀꽃을 보고 새를 보고 별을 봤습니다. 몇 시간을 본 적도 있습니다. 그러나 안 보였습니다. 그러다 주님이 말씀하셨습니다. '욕구를 채우는 게 아니란다, 하나님을 사랑하면 보인단다' 그때 무릎을 꿇고 통곡했습니다. 그때 별이 이해됐습니다. 심심할까 봐 별을 만드셨다는 하나님의 마음이 이해됐습니다.

하나님께서 모세에게 먼저 믿음을 주셨습니다. 모세가 믿지를 못하니까, 증거를 보여주십니다. 뱀을 잡아봐, 그럼 지팡이가 됩니다. 지팡이를 던져봐, 그럼 뱀이 됩니다. 그런데도 못 믿습니다. 손을 품에 넣어봐, 나병에 걸렸습니다. 다시 집어넣어봐, 온전하게 됐습니다. 그런데도 못 믿었습니다. 하나님께서는 당신이 정말 하나님이시라는 것을 백성들이 믿기 원하셨습니다. "내가 너 사랑해, 내가 하나님이야, 만군의 주 여호와야, 너의 욕구 정도를 채우는 하나님이 아니야. 온전하고 전능하고 우주 만물을 지은 하나님이란다." 엘리야는 문제 따위 앞에서 하나님이 하나님 되기를 원한다고 기도했습니다. 불에 대한 욕구는 온데간데없었습니다. 그러자 필요한 불은 그냥 임했습니다.

태국 문화를 엿볼 수 있는 공연을 봤습니다. 태국 왕조의 역사를 볼 수 있었습니다. 불교적 색채가 아주 강했습니다. 국왕에 대한 국민들의 존경심이 대단했습니다. 백성들이 실제로 국왕을 사랑했습니다. 통치자들은 백성들의 마음을 묶고 어떤 사상으로 엮어내 지배하려고 합니다. 주류세력이 원하는 것입니다. 북한은 주체사상으로 백성들을 노골적으로 억압합니다. 태국은 평화의 나라지만 영적으로 보면, 북한보다 더 강력한 악의 교묘한 술수가 느껴졌습니다. 그래서 눌림이 있었고 기도가 잘 되지 않았습니다. 그런데 다음날 태국 하늘을 자꾸 올려보게 하셨습니다. 하늘은 지역에 따라 조금씩 다른데 그 태국 하늘이 한국과 너무 똑같았습니다. 그때 하나님이 저에게 말씀하시는 것 같았습니다. "알지?" "아뇨." "아직도 모르겠니?" "네." "아직도?" "네." "아직도?" "네.....오, 그것이었습니까!" "네가 고민하고 있는 공중 잡은 권세, 국가 공동체의 힘, 그것은 모두 같은 하늘 아래 있단다. 내 주권 아래 있단다." 옆에 있는 아내에게 이야기했습니다. "여보, 내가 이기지 못하고 넘어서지 못할 것 같은 그 힘도 하나님의 주권 아래 있대."

없으면 죽을 것 같은 불! 돈이 없으면 죽을 것 같은 마음! 아닙니다. 모든 것이 하나님의 주권 아래 있다는 것을 알 때, 그곳에서 하나님이 하나님 되신 것을 알게 해달라고 기도하게 됩니다.

태국 빈민가 '나와이'라는 지역에 있는 알린 장로님을 만났습니다. 비가 억수같이 쏟아지고 있는데도 파리가 날아다니고, 양철통에 있는 무언가를 먹고 있고, 윗옷은 거의 안 입고 있습니다. 사람 살 곳이 못 되는 곳입니다. 그런데 거기 교회 하나가 있습니다. 그곳에서 예배드리는데, 인도자가 목사님도 아니고 장로님입니다. 물고기 잡아서 팔며, 그 교회를 지키고 계셨습니다. 그 장로님을 보자마자 눈물이 나서 부둥켜안았습니다. 주체할 수 없었습니다. 같이 찬양하고, 그분 이야기를 듣는데 마음이 뜨거워져서 견딜 수 없었습니다. 그때 하나님께서 말씀하셨습니다. "내가 이 종에게 다윗의 심장을 심었노라, 내가 이 종에게 흔들리지 않는 믿음의 뿌리와 마음을 주었노라." 그래서 제가 장로님을 향해 기도하며 그대로 말씀을 전했습니다. "지금 눈물의 골짜기를 걷는 것 같지만 알고 보면 은혜의 골짜기를 지나는 것입니다. 힘든 것 같지만 알고 보면 하나님과의 밀월을 즐기는 은혜의 때랍니다." 제 마음이 정말 뜨거워졌습니다. 통역하시는 분은 눈물의 골짜기를 어떻게 해석해야 할지 모르겠다고 해서 제가 시편 23편을 그대로 전하라고 했습니다. 믿음의 사자, 믿음의 용사가 보였습니다. 하나님께서 그곳에 계셨습니다.

태국에서 중산층 이상이면 아무 교회나 못 갑니다. 신분 사회입니다. 중산층 이상이 가는 교회가 따로 있습니다. 50명이 모이는데 직원들이 많고 깔끔합니다. 차도 즐비합니다. 우리 정서에 맞습니다. 그러나 나와이 지역에서 예배드리라고 하면 도망갈 것입니다. 그런데 깔끔한 그곳에는 생명의 역사가 없다는 것, 찬송이 있고 기도가 있고 선교 활동이 있지만 생명의 역사가 없다는 것을 알았습니다.

하나님께서, 같은 하늘 아래 있는 우리들에게 말씀하십니다. 끝까지 정한 마음을 가져야 한다고 하십니다. 욕구에 휘둘리지 않고, 욕구가 일어나는 곳에서 하나님이 하나님 되신 것과 내가 주의 종인 것과 내가 말씀대로 행하는 것을 만민이 알게 해달라고 기도하는 그런 정한 마음을 가져야 합니다.

시편 18:1-6

1. 나의 힘이신 여호와여 내가 주를 사랑하나이다
2. 여호와는 나의 반석이시요 나의 요새시요 나를 건지시는 이시요 나의 하나님이시요 내가 그 안에 피할 나의 바위시요 나의 방패시요 나의 구원의 뿔이시요 나의 산성이시로다
3. 내가 찬송 받으실 여호와께 아뢰리니 내 원수들에게서 구원을 얻으리로다
4. 사망의 줄이 나를 얽고 불의의 창수가 나를 두렵게 하였으며
5. 스올의 줄이 나를 두르고 사망의 올무가 내게 이르렀도다
6. 내가 환난 중에서 여호와께 아뢰며 나의 하나님께 부르짖었더니 그가 그의 성전에서 내 소리를 들으심이여 그의 앞에서 나의 부르짖음이 그의 귀에 들렸도다

14. 어떤 사실에 마음을 두는가

기도를 제대로 해야 참 기도입니다. 기도는 영적인 호흡이어서 중단하면 죽습니다. 살려면 기도해야 하는데, 잘못된 기도를 계속해도 죽습니다. 제대로 기도해야 합니다. 우리 주변에는 많은 사실들이 있습니다. 그중에 어떤 사실에 마음을 두고 있는가! 오늘 말씀을 통해 제대로 기도하는 것과 많은 사실 중에 우리에게 현실감 있게 다가오는 것이 무엇인지 보게 될 것입니다.

나의 힘이신 여호와여 내가 주를 사랑하나이다 (시편 18:1)

현실은 여러분에게 실제 된 것입니다. 다윗은 여호와가 나의 힘이라고 고백하고 있고 하나님을 사랑한다고 말하고 있습니다. 여러분도 '하나님이 나의 힘'이란 사실을 믿고 있을 것입니다. 그런데 또 하나, '세상을 이끌어가는 힘'도 여러분에게 사실입니다. 하나님이 나의 힘이라는 것과 세상을 이끌어가는 힘! 이 둘 중에 무엇이 더 현실감 있게 다가옵니까?

육신을 입고 있기에 형성된 가치관이 있습니다. 다수에 의해 동의가 된 가치관은 세계관이 됩니다. 우리는 몸이 있기에 건강과 돈이 필요하고 삶에서 어떤 자리가 있어야 합니다. 영향력 있는 자리가 필요하고 영향력을 발휘할 수 있어야 좋다고 말합니다. 이런 가치관이 '세상을 이끌어가는 힘'입니다. '하나님이 나의 힘'이라는 사실보다 '세상을 이끌어가는 힘'이 우리에게 더 현실이 되었습니다. 왜 그럴까요? 어떤 사실이 나의 현실이 되기 위해서는 그 사실에 무엇이 더해져야 합니다. 바로 마음입니다. 사실에 마음이 결합될 때, 그 사실은 나의 현실이 됩니다. 우리 마음이 어디를 향해 달려가고 있는지 분별할 수 있는 지침입니다. 많은 사실 가운데 내 마음이 가고, 내 마음이 쓰이는 것만 현실이 됩니다.

공익요원과 특수부대원이 있었습니다. 공익요원이니까 상대적으로 편하겠다고 말하기 쉽지만 아닙니다. 그것은 우리의 생각일 뿐입니다. 해병대가 된 사람에게는 그것이 자기 현실이고 자기 상황입니다. 해병대가 아니라 공익요원으로 가면 덜 힘들다? 아닙니다. 공익요원도 자기 현실이고 자기 상황입니다. 모두 다 힘듭니다.

자기 상황인데도 자기의 현실로 느껴지지 않는 경우도 있습니다. 미국이 중국이나 북한의 대륙간탄도미사일(ICBM) 시험 발사를 요격하기로 결정하자 중국과 러시아가 반발하면서 국제정세가 심상치 않게 됐다고 해도 개개인들은 이것을 실감하지 못합니다. 현실로 느끼지 못합니다. 그런데 이런 상황은 분명히 한반도에 직접적인 영향을 줍니다.

또 유엔안보리에서 미국과 유럽, 중국과 러시아가 대북 제재를 둘러싸고 갈등합니다. 대북 제재가 북한 주민에 미치는 영향을 두고 의견이 대립합니다. 중국과 러시아는, 대북 제재가 북한 주민들의 인권 상황에 악영향을 줄 것이라고 주장하고 있고 미국과 유럽은 그럼에도 제재해야 한다고 주장합니다. 이런 대립은 한반도에 영향을 주고 있는 사실이지만 그럼에도 여러분에게 현실감 있게 다가오지는 않을 것입니다. 공간적으로 멀기 때문만은 아닙니다.

제 딸이 대학 다닐 때 1년에 두 번 해외 단기 선교를 갔습니다. 딸이 태국에 있을 때는 태국의 모든 상황이 저에게 현실이 됩니다. 공간적으로 멀리 있어도 태국은 나의 현실이 됩니다.

예전에 85세 이상 어르신이 170명 이상 출석하는 지경교회 목사님이 우리 교회에 오셔서 설교하신 적이 있습니다. 그 교회가 속한 행정구역인 면 단위에서 1년 동안 태어나는 아이가 6명 정도라고 합니다. '인구절벽[8]'은 모든 분야에 영향을 미치고 있지만 지금 여러분에게는 현실감 있게 다가오지는 않을 것입니다. 공간적인 거리가 가깝다고 그 사실이 현실감 있게 다가오는 것은 아닙니다.

다윗에게는 세상을 이끌어가는 힘도 사실입니다. 그러나 현실로 다가오는 힘은, 하나님이었습니다. 다윗의 마음에는 하나님이 결합되어 있었기 때문입니다.

> 4 사망의 줄이 나를 얽고 불의의 창수가 나를 두렵게 하였으며 5 스올의 줄이 나를 두르고 사망의 올무가 내게 이르렀도다 6 내가 환난 중에서 여호와께 아뢰며 나의 하나님께 부르짖었더니 그가 그의 성전에서 내 소리를 들으심이여 그의 앞에서 나의 부르짖음이 그의 귀에 들렸도다 (시편 18:4-6)

사망의 줄이 자기를 얽어맸다고 다윗이 고백하고 있습니다. 죽을 상황이라는 것입니다. 죽을 상황이라는 것을 느끼고, 알아차리는 주체는 누구입니까? 1차적으로 마음입니다. 환경이 어렵다고 느

---

8   생산가능인구(15~64세)의 비율이 급속도로 줄어드는 현상.

끼는 것은 우리 '마음'입니다. 스올의 줄이 얽어맸다는 것은 마음이 지옥 같다는 뜻입니다. 어려워진 상황도 다윗에게는 분명한 사실이었습니다. 그럼 2절부터 다시 읽어 보십시오.

> 2 여호와는 나의 반석이시요 나의 요새시요 나를 건지시는 이시요 나의 하나님이시요 내가 그 안에 피할 나의 바위시요 나의 방패시요 나의 구원의 뿔이시요 나의 산성이시로다 3 내가 찬송 받으실 여호와께 아뢰리니 내 원수들에게서 구원을 얻으리로다 (시편 18:2-3)

나의 반석이시요 나의 요새시요 나를 건지시는 이시요 나의 하나님이시라고 다윗이 고백하고 있습니다. 죽을 것 같은 상황에 있는 다윗의 마음이 하나님께 가 있습니다. 다윗의 마음이 하나님께 가 있기에 그 마음이 실제로 바뀌었습니다.

돈이 부족해서 마음이 지옥 같은, 관계가 틀어져서 마음이 지옥 같은, 환경이 힘들어서 마음이 지옥 같은 사람도 이 예배당에 있을 것입니다. 부족한 무엇이 채워지면 다 해결될 것이라고 생각합니다. 그러나 다윗은 아니었습니다. 부족한 것이 문제가 아니라, 부족한 것에 마음이 가 있어서 마음이 지옥 같이 되어버린 것이 문제라는 것입니다. 그래서 우리도 돈에 달라붙어 있는 그 마음을 떼어내어 하나님께 가 있게 만들어야 합니다.

돈이 부족한 것 먼저 기도하시면 안 됩니다. 마음에서 예수님이 줄어드는 것을 두고 먼저 기도해야 합니다. 관계가 흐트러진 것을 풀거나 문제를 해결하려고 먼저 기도하는 것이 아니라 그 문제 때문에 마음에서 줄어든 주님을 채우기 위해 먼저 기도해야 합니다.

> 내가 환난 중에서 여호와께 아뢰며 나의 하나님께 부르짖었더니 그가 그의 성전에서 내 소리를 들으심이여 그의 앞에서 나의 부르짖음이 그의 귀에 들렸도다 (시편 18:6)

하나님께 아뢰고 부르짖었습니다. 간절함과 열심이 있었습니다. 하나님이 들으셨다고 하니까 '아멘' 하시면 됩니다. 우리가 열심히 부르짖었더니 하나님께서 들으셨다는 공식 때문에 얼마나 많이 힘썼습니까? 열심히 부르짖으면 하나님께서 들으신다는 말씀이 아닙니다. 하나님께서 우리의 기도를 어디에서 들으셨습니까? '그의 성전에서' 들으셨습니다. '그의 앞에서 나의 부르짖음이 그의 귀에 들렸도다' 하셨습니다. 하나님을 믿는다는 고백으로 크리스천이 되는 것이 아닙니다. 하나님과의 실제 관계가 이루어져야 합니다. 부르짖는 열정이 곧 믿음이 아닙니다. 부르짖었더니 '그의 성전에서' 하나님께서 들으셨습니다!

성전은 어떤 곳입니까? 구약시대 성소 안 지성소로 들어가 하나님을 만나려면 반드시 번제단을 통과해야 합니다. 번제단은 죽는 곳입니다. 제물에게 내 죄를 전가해 내 죄를 사함 받고, 그 제물이 나를 대신해 죽는 곳입니다. 내 자아가 죽는 것을 경험하는 곳입니다. 번제단에서 죽음을 경험한 사람만 하나님을 만납니다. 지금은요? 하나님 앞으로 나아가려면 반드시 예수 그리스도를 통과해야 합니다. 예수님이 이 땅에 오신 이유입니다. 시퍼렇게 살아 있는 자아를 갖고 간절히 부르짖어도 하나님께서는 듣지 않으십니다. 자아가 죽는 것이 먼저입니다.

죽을 것 같은 환란이 있습니다. 마음이 지옥 같습니다! 하나님께 가려고 하면, 내가 번제단 앞에서 먼저 죽어야 합니다. "이 문제 때문에 죽겠어요! 하나님" 하고 번제단을 통과하려니, 마음에 달라붙은 그 문제가 먼저 죽습니다. 그때 하나님의 손길이 보입니다. 그것이 믿음입니다.

여러 사실 중 어떤 사실에 내 마음을 쓰는가! 열심이 아닙니다. 순수한 열정도 아닙니다. 십자가에서 예수님과 연합하여 죽을 때, 죽을 것 같은 그 마음이 죽고 구속한 주만 보이게 됩니다. 죽음을 경험한 뒤, 능동적으로 일하시는 주님을 보기 시작합니다. 하나님의 코에서 콧김이 나온다고 하십니다. 일하시는 하나님을 경험한다는 말씀입니다. 문제에 달라붙어 있는 내 마음이 죽었을 때, 하나님의 손길이 보이고 하나님의 일하심을 경험하게 됩니다.

'하나님! 죽겠어요, 제발 돈 좀 주세요!' 누가 해결책을 쥐고 있습니까? 돈이 채워지면 문제가 해결된다고 생각하는 것은 하나님을 믿는 것이 아닙니다. 돈이 채워지도록 하나님을 당겨쓰는 것입니다. 나에게 능력 없으니 하나님 능력이 필요한 것입니다. 미신입니다. 표적을 구하는 유대인입니다. 하나님께 예의를 다할 테니, 이리 오셔서 이것 채우고 저것 채워달라고 하는 것은 믿음이 아닙니다.

여호와는 나의 목자이시니 내가 부족함이 없고 그가 나를 푸른 풀밭으로 인도하시고 쉴 만한 물가로 인도하신다고 노래합니다. 온갖 맹수가 있는 오아시스 풀밭에 양이 누웠습니다. 간단한 이야기가 아닙니다. 양이 미쳤든지, 누가 보호해주든지, 둘 중에 하나입니다. 맹수도 사실, 하나님도 사실이지만 양이 풀밭 위에 마음껏 누울 수 있는 까닭은 양의 마음이 하나님께 가 있었기 때문입니다. 그럼, 여러분도 푸른 풀밭에 우리를 누울 수 있도록 하시는 그 하나님께 마음 두기로 작정할 것입니다. 아닙니다. 작정으로 되는 것이 아닙니다. 십자가에서 예수님과 함께 죽는 것으로 됩니다. 그 주님을 경험하고 그 손길을 경험하고 그 복을 누리시기를 예수님의 이름으로 축복합니다.

하나님도 사실이요 이 세상을 이끌어가는 힘도 사실입니다.
그러나 제 마음은 하나님께 둡니다!
문제에 가 있는 마음 회개합니다.
죽을 것 같고, 그래서 그것 채우면 살 것 같아서
마음 빼앗긴 것을 돌이킵니다.
문제야! 염려야! 떠나가라! 너는 우리를 가두어 놓을 수 없다!
우리는 예수 그리스도와 함께 십자가에서 죽고 산
하나님의 아들이요 딸임을 만방에 선포하노라!
천만인이 나를 에워싸 진 친다 하여도
두려워하지 않고 주님을 바라보는 하나님의 백성!
우리가 하나님의 사람입니다.
나의 힘이신 주님을 사랑합니다!
주님이 나를 지으시고, 세우시고, 보내셨습니다.
주님의 은혜로 삽니다.
은혜가 날마다 경험되도록 믿음의 실력 키워 주시옵소서.
예수님의 이름으로 기도드립니다. 아멘.

이사야 31:1-3

1 도움을 구하러 애굽으로 내려가는 자들은 화 있을진저 그들은 말을 의지하며 병거의 많음과 마병의 심히 강함을 의지하고 이스라엘의 거룩하신 이를 앙모하지 아니하며 여호와를 구하지 아니하나니
2 여호와께서도 지혜로우신즉 재앙을 내리실 것이라 그의 말씀들을 변하게 하지 아니하시고 일어나사 악행하는 자들의 집을 치시며 행악을 돕는 자들을 치시리니
3 애굽은 사람이요 신이 아니며 그들의 말들은 육체요 영이 아니라 여호와께서 그의 손을 펴시면 돕는 자도 넘어지며 도움을 받는 자도 엎드러져서 다 함께 멸망하리라

15. 무엇을 앙모하는가 !

2 여호와께서도 지혜로우신즉 재앙을 내리실 것이라 그의 말씀들을 변하게 하지 아니하시고 일어나사 악행하는 자들의 집을 치시며 행악을 돕는 자들을 치시리니 3 애굽은 사람이요 신이 아니며 그들의 말들은 육체요 영이 아니라 여호와께서 그의 손을 펴시면 돕는 자도 넘어지며 도움을 받는 자도 엎드러져서 다 함께 멸망하리라

(이사야 31:2-3)

우리 교회가 은혜의 때를 걷고 있습니다. 기도를 제대로 하려면 반드시 십자가를 통과해야 합니다. 하나님을 간절히 찾는다고 우리를 만나주시는 것은 아닙니다. 십자가를 통과하지 않고서는 아버지

하나님께 이를 수 없습니다. 삶에서 '항상, 지금!' 기도해야 합니다. 그렇게 기도하는 사람에게 하나님께서는 당신의 생각을 부어주십니다. 오늘은 실생활에서 우리가 무엇을 앙망하고 무엇에 마음 쓰고 있는지 볼 것입니다.

"어려울 때 왜 그렇게 있어, 하나님께 가서 기도해야지", 하는 이야기가 맞는 것 같지만 아닙니다. "왜 애굽으로 가서 도움을 청했어? 하나님께 가야지", 하는 이야기도 맞는 것 같지만 아닙니다.

> 도움을 구하러 애굽으로 내려가는 자들은 화 있을진저 그들은 말을 의지하며 병거의 많음과 마병의 심히 강함을 의지하고 이스라엘의 거룩하신 이를 앙모하지 아니하며 여호와를 구하지 아니하나니
>
> (이사야 31:1)

앗수르의 공격을 받은 남유다가 애굽에 지원을 요청합니다. 외세의 침략을 받고 동맹국을 찾고 있습니다. 앗수르의 노략질로 수확 때마다 남유다는 극심한 핍박을 받았습니다. 그래서 국가가 정책적으로 애굽에 도움을 요청하기로 합니다. 충분히 도움을 받을 수 있는 자원이 애굽에 있기 때문입니다. 논리적으로 보면 별 문제가 없는 일인데, 하나님께서는 망할 짓이라고 하십니다. 화가 있을 것이라고 하십니다. 그럼 우리는 무엇을 해야 한다는 말씀일까요? 남유다가 하나님께 나아가지 않고 애굽으로 간 것이 문제라는 말씀

이 아닙니다.

믿음을 제대로 알아야 합니다. 예수 잘 믿는다는 것은 내 마음에 주님 마음이 들어와서 나를 통해 하나님의 로고스(말씀)가 흘러가는 것입니다. 말씀에 '이스라엘의 거룩하신 이'라고 하셨습니다. 거룩은 곧 구별입니다. 구별되신 하나님을 만나려면 우리가 먼저 구별되어야 합니다. 우리의 힘만으로는 안 됩니다. 예수님과 함께 십자가에서 죽기 전까지는 안 됩니다.

거룩하신 이를 '앙모'하지 아니하고, '구하지' 아니한다고 말씀하셨습니다. 현대 사회를 이끌어가는 사상과 체계가 많은데 그 대표적인 것 가운데 하나가 진화론입니다. 진화론은 단순하게 자연과학만을 말하는 것이 아닙니다. 그보다 훨씬 더 큰 철학입니다. 영적으로 보면 진화론은 사탄의 절묘한 수입니다. 진화한다는 것은 곧 강자만 산다는 이야기입니다. 적자생존과 약육강식이 그래서 나옵니다. 진화론의 핵심은 곧 약자는 죽고 강한 것이 살아남는다는 것입니다. 그래서 살아남는 것이 강하고 선한 것이라는 논리까지 펼칩니다. 현대사회는 아무리 그럴듯하게 포장해도 결국 능력사회입니다. 능력이 없으면 망하고 도태됩니다. 현대사회를 이끌어가는 사상의 기저에는 진화론이 있습니다. 그래서 진화론은 많은 학문의 기초가 됩니다. 무엇이 부족하면 큰일나는 것으로 생각하고 그것을 메우기 위해 스펙을 쌓고 다른 무엇을 동원합니다. 당연한 일 같은데 하나님께서는 망한다고 하십니다. 저도 진화론을 바탕으로 한 인본주의

적 교육에 심각한 우려를 표시합니다. 모든 교육의 목적은 하나님을 채우는 것입니다. 하나님을 채우는 것이 바탕이 되지 않는 학문과 주의(-ism)를 심각하게 생각해야 합니다.

이스라엘의 거룩하신 이를 앙모하는 것은 사실 어렵습니다. 가능한 일인지 의문을 품을 수도 있습니다. '앙모'는 히브리어로 '샤와'라고 합니다. 사전적으로는 '우러러보고 그리워한다'는 말입니다. 하나님께서는 하나님께 도움을 구하러 오지 않는 것을 뭐라고 하신 것이 아니라, 하나님을 우러러보며 그리워하지 않는 우리 마음의 상태가 문제라고 하십니다. 이것이 쉬운 이야기입니까? 시급한 문제를 전심으로 풀려고 노력해도 시원찮은 형국인데, 그때 하나님을 그리워하지 못하는 것이 문제라고 하시니, 답답하지 않으십니까? 답답하게 느껴지는 그 마음이 바로 우리가 죄인이라는 증거입니다. 죽을 것 같은 상황에서도 하나님만 바라보지 못하고 그 하나님을 그리워하지 못한 우리가 잘못됐다는 하나님 말씀이 정말 이해가 되십니까? 옆집 아저씨가 술 먹고 우리 집 아이들을 괴롭힐 때 경찰서에 신고하지 말고 먼저 하나님을 채우라는 것은 정말 어려운 이야기 아닙니까?

하나님께서는, 우리가 당신에게 오지 않았다고 진노하신 것이 아닙니다. 앗수르의 공격으로 죽게 되었다는 마음이 우리에게 가득하다는 것을 말씀하고 계십니다. 그런 마음이라면 하나님의 힘이 공급되어도 결국 망할 것이라는 말씀입니다. 믿음은 하나님께서 하시는 것을 경험합니다. 여러분이 열심을 내서 기도하면 응답받는다고요? 예배당이 아니라 정화수 떠놓고 기도해도 어느 정도 응답받을 수 있습니다. 그것을 기도응답이라고 생각하면 안 됩니다. 5만 번 기도응답 받았다는 조지 뮬러 목사님은 자기 소유도 없이 하나님께 다 드리신 분입니다. 그분은 하나님만을 구했던 삶을 사신 분입니다.

> 바로가 가까이 올 때에 이스라엘 자손이 눈을 들어 본즉 애굽 사람들이 자기들 뒤에 이른지라 이스라엘 자손이 심히 두려워하여 여호와께 부르짖고 (출애굽기 14:10)

앞에는 홍해가 넘실대고, 뒤에는 애굽 군대가 죽이려고 달려드는 상황입니다. 죽을 것 같은 상황이 오면 모든 인생이 두려워합니다. 그러나 성경은 두려워하지 말라고 합니다. 백성들은 두려워서 부르짖었는데 소용없었습니다.

> 11 그들이 또 모세에게 이르되 애굽에 매장지가 없어서 당신이 우리를 이끌어 내어 이 광야에서 죽게 하느냐 어찌하여 당신이 우리를 애굽에서 이끌어 내어 우리에게 이같이 하느냐 12 우리가 애굽에서 당신에게 이른 말이 이것이 아니냐 이르기를 우리를 내버려 두라 우리가 애굽 사람을 섬길 것이라 하지 아니하더냐 애굽 사람을 섬기는

것이 광야에서 죽는 것보다 낫겠노라 (출애굽기 14:11-12)

우리 믿음의 패턴입니다. 문제가 자주 생기고 문제가 무거울수록 두려움도 더 크게 생깁니다. 그리고 즉각, 그 문제를 해석합니다. 문제에 대한 답도 우리가 만듭니다. 이제 우리가 죽게 됐다며, 문제를 해석하고 답도 내리지만 하나님의 방법은 다릅니다.

13 모세가 백성에게 이르되 너희는 두려워하지 말고 가만히 서서 여호와께서 오늘 너희를 위하여 행하시는 구원을 보라 너희가 오늘 본 애굽 사람을 영원히 다시 보지 아니하리라 14 여호와께서 너희를 위하여 싸우시리니 너희는 가만히 있을지니라 (출애굽기 14:13-14)

하나님께서는 가만히 있으라고 하십니다. 문제가 생길 때, 그 문제에 대한 답을 갖지 말라고 하십니다. 문제를 스스로 해석하지 말라고 하십니다. 우왕좌왕하면서 원망하는 대신, 가만히 있어 하나님을 채우라고 하십니다. 이 원리가 깊이 다가오셔야 믿음 생활을 할 수 있습니다. 내일 부도가 나는 상황이니 망하게 됐다는 결론을 내리고 사방에서 돈을 끌어와 부도를 막으려고 마음을 다 쓸 때, 그것을 멈추고 먼저 하나님으로 마음을 채우라는 것입니다. 바로 그때! 하나님께서 일하시는 것을 봅니다. 예수님이 우리 마음에 가득 채워졌다면, 우리 마음의 주인이 주님이시고, 우리 문제와 환경의 주인도 주님이십니다. 그럼 그 문제도 주님의 것입니다. 그것이 믿음의 원리입니다. 다윗이 그렇게 살았습니다. 하나님께 마음 두었을 때, 주님이 일하십니다. 구원을 이루시는 주님을 보게 됩니다.

한 중학생이 평생 모은 용돈 수백만 원을 모두 하나님께 드리고 싶다고 목양실로 올라왔습니다. 하나님께 쓰고 싶은 마음을 주셨다며 건축헌금으로 드리고 싶답니다. 그래서 제가 물었습니다. "그 용돈 다 하나님께 드리면, 넌 뭐 먹고 살아?" 그랬더니 답이 간단합니다. "저는 엄마아빠 있잖아요, 엄마아빠가 다 먹여주지요." 오늘 말씀과 같은 이야기입니다.

한 고등학생은 천만 원 정도를 갖고 울면서 올라왔습니다. 용돈을 수년 동안 모았고 어디에 쓸 마음이 없었는데, 하나님께 쓸 마음이 처음으로 생겼다며 울었습니다. 그 마음을 배우셔야 합니다. 주님을 사랑하는 것은 노력으로 안 됩니다. 예수님과 함께 죽은 그 사람에게, 문제와 염려가 죽고, 주님으로 마음이 채워지는 역사가 일어납니다. 그때 주님의 일하심이 실제 능력사회에서도 드러납니다. 능력사회에서 마땅히 구해야 할 그것을 먼저 구하면 결국 망한다고 하십니다. 하나님께서는 우리 마음이 무엇으로 채워져 있는지 보라고 하십니다.

문제가 왔을 때 어떻게 해야 합니까? 첫째, 당황하지 말아야 합니다. 동정녀 마리아가 임신하기 전, 하나님께서는 놀라지 말라고 하십니다. 홍해가 넘실대고 바로 군대가 추격하는데 놀라지 말라고 하십니다. 성경에는 '놀라지 말라'는 말씀이 참 많습니다. 우리는 문제를 해결하려고 마음이 급합니다. 우리는 돈이 부족한 것이 문제라고 생각하는데, 성경은 돈이 부족하다는 사실에 달라붙어 있는 우리 마음이 문제라고 말합니다.

둘째, 문제에 달라붙어 있는 마음을 회개해야 합니다. 진부한 말이 아닙니다. 그것이 생명입니다. 성경은, 염려를 맡기라고 하십니다. 너의 경영을 맡기라! 너의 앞길을 맡기라! 너의 계획을 맡기라! 성경은 그렇게 이야기하고 있습니다. 그런데 우리는 된다 안 된다, 징그럽게도 스스로 판단합니다. 그것은 맡긴 것이 아닙니다. 그래서 회개해야 합니다. 주님의 경영을 신뢰하지 못하는 불신을 돌이켜야 합니다.

셋째, 문제가 아니라 주님으로 채워지게 해달라고 기도해야 합니다. "한 번도 살아보지 않은 오늘 이 하루, 주님과 연합해 십자가에서 죽는 은혜 허락하셨습니다. 나, 그 복 받아야겠습니다. 그 주님의 시선으로 보고, 주님의 마음으로 듣고, 주님의 마음으로 품을 수 있게 하시옵소서." 그때 받는 믿음이, 문제를 바라보는 주님의 시선을 갖게 합니다. 그럼 흔들리지 않습니다. 급급하지 않습니다. 성내지 않고 애탄 개탄하지 않습니다. 주님의 음성을 기다릴 수 있는 힘이 생깁니다. 그것이 능력입니다. 주님과 관계없이 무엇을 열심히 해보려는 경향, 예수님과 함께 십자가에서 연합하여 죽고, 주님이 하시는 것을 보는 믿음의 실력이 드러나기를 축복합니다. 믿음의 실력을 잃어버린 시대지만, 지금도 하나님께서는 다윗의 심장을 가진 하나님의 사람을 찾으십니다.

주님 잘 믿고 싶다는 간절함 있으시지요? 그러나 그 간절함이 곧 구원에 이르게 하지는 못 합니다. 구원은 하나님으로부터 '받는' 것입니다. 하나님께서 나를 받아들일 때만 내가 구원받는 것입니다. 하나님께서 나를 받아들여서 구원을 받았다면, 특징이 뚜렷하게 드러납니다. 나의 가치와 나의 계획이 무너지고, 하나님의 뜻과 계획이 중요해집니다. 내 계획으로 사는 것이 괴로워집니다. 주님의 뜻을 마음에 더 채우기 원합니다. 그것이 앙망이요, 앙모입니다. 삶의 현장에서 우리가 해야 할 일입니다.

마태복음 6:5-15

5 또 너희는 기도할 때에 외식하는 자와 같이 하지 말라 그들은 사람에게 보이려고 회당과 큰 거리 어귀에 서서 기도하기를 좋아하느니라 내가 진실로 너희에게 이르노니 그들은 자기 상을 이미 받았느니라

6 너는 기도할 때에 네 골방에 들어가 문을 닫고 은밀한 중에 계신 네 아버지께 기도하라 은밀한 중에 보시는 네 아버지께서 갚으시리라

7 또 기도할 때에 이방인과 같이 중언부언하지 말라 그들은 말을 많이 하여야 들으실 줄 생각하느니라

8 그러므로 그들을 본받지 말라 구하기 전에 너희에게 있어야 할 것을 하나님 너희 아버지께서 아시느니라

9 그러므로 너희는 이렇게 기도하라 하늘에 계신 우리 아버지여 이름이 거룩히 여김을 받으시오며

10 나라가 임하시오며 뜻이 하늘에서 이루어진 것 같이 땅에서도 이루어지이다

11 오늘 우리에게 일용할 양식을 주시옵고

12 우리가 우리에게 죄 지은 자를 사하여 준 것 같이 우리 죄를 사하여 주시옵고

13 우리를 시험에 들게 하지 마시옵고 다만 악에서 구하시옵소서 (나라와 권세와 영광이 아버지께 영원히 있사옵나이다 아멘)

14 너희가 사람의 잘못을 용서하면 너희 하늘 아버지께서도 너희 잘못을 용서하시려니와

15 너희가 사람의 잘못을 용서하지 아니하면 너희 아버지께서도 너희 잘못을 용서하지 아니하시리라

16. 그러므로 이렇게 기도하라!

생명이 담겨 있는 주기도문이 깨달아지고 채워졌을 때만 하나님의 사람으로 살 수 있습니다. 오늘 말씀을 통해 예수님께서 왜 이렇게 기도하라고 하셨는지 볼 것입니다.

9 그러므로 너희는 이렇게 기도하라 하늘에 계신 우리 아버지여 이름이 거룩히 여김을 받으시오며 10 나라가 임하시오며 뜻이 하늘에서 이루어진 것 같이 땅에서도 이루어지이다 11 오늘 우리에게 일용할 양식을 주시옵고 12 우리가 우리에게 죄 지은 자를 사하여 준 것 같이 우리 죄를 사하여 주시옵고 13 우리를 시험에 들게 하지 마시옵고 다만 악에서 구하시옵소서 (나라와 권세와 영광이 아버지께 영원

히 있사옵나이다 아멘) 14 너희가 사람의 잘못을 용서하면 너희 하늘 아버지께서도 너희 잘못을 용서하시려니와 15 너희가 사람의 잘못을 용서하지 아니하면 너희 아버지께서도 너희 잘못을 용서하지 아니하시리라 (마태복음 6:9-15)

'그러므로 너희는 이렇게 기도하라'고 하셨습니다. "이렇게 살아야 하는데 너희들은 그렇게 살 수 없을 거야, 그래서 이렇게 기도해야 돼" 하신 것입니다. 또 "이렇게 살면 안 되는데, 결심으로 안 된단다, 그래서 이렇게 기도해야 돼" 하신 것입니다. 크게 두 가지 문제가 나옵니다. 외식의 문제, 그리고 이방인처럼 중언부언하는 문제입니다. 우리가 알고 있는 차원의 중언부언이 아닙니다.

또 너희는 기도할 때에 외식하는 자와 같이 하지 말라 그들은 사람에게 보이려고 회당과 큰 거리 어귀에 서서 기도하기를 좋아하느니라 내가 진실로 너희에게 이르노니 그들은 자기 상을 이미 받았느니라 (마태복음 6:5)

5절에 나오는 '외식'(外飾)은 겉과 속이 다르다는 말인데, 원어인 헬라어로 보면 '휘포크리테스'입니다. 원래 무대 위에서 맡은 배역을 충실하게 행하는 '배우'라는 뜻이고 아울러 '위선'이라는 뜻도 갖고 있습니다. 성경이 말하는 외식은 입술로는 하나님을 이야기하지만 마음에는 다른 것이 있는 것입니다. 위선의 문제입니다. 잘못된 것이니 고쳐야 되지만, 의지로는 안 됩니다. 결심과 다짐으로도 안 됩니다. 예수님께서 가르쳐주신 기도가 우리에게 익어져야 합니다.

> 주께서 이르시되 이 백성이 입으로는 나를 가까이 하며 입술로는 나를 공경하나 그들의 마음은 내게서 멀리 떠났나니 그들이 나를 경외함은 사람의 계명으로 가르침을 받았을 뿐이라 (이사야 29:13)

'이 백성이'라고 하시는 말씀에서 하나님의 감정을 느껴야 합니다. '아니, 이것들이!' 하시는 것 같은 불쾌한 감정입니다.

하나님으로부터 영감을 받아 설교하면 회중에게 특별한 감동이 넘칩니다. 그러나 하나님의 감동을 받지 않고, 잘 공부해서도 설교 잘할 수 있습니다. 경건의 모양을 갖추고 하나님을 사랑하라고 입으로 그럴 듯하게 설교할 수 있습니다. 하나님이 아니라 목회가 마음에 채워져 있다면, 그럴 수 있습니다. 목회를 하면서도 내 욕망을 드러낼 수 있습니다. 그것이 성경에서 말하는 외식입니다.

저는 이제 성도들의 믿음의 열심에 속지 않습니다. 이제 믿음의 열심을 보고 감동하지도 않습니다. 여러분이 왜 그렇게 열심히 기도하고 봉사하는지 아십니까? 대부분 문제 때문입니다. 하나님이 필요한 것이 아니라 문제를 풀어줄 하나님의 능력이 필요하기 때문입니다. 그것이 '외식'입니다. 우리 믿음의 패턴을 보면 대부분 이 '외식'의 범주를 벗어나지 못합니다.

    주일마다 20여 명의 예수님의 꼬마들(유치부와 초등학교 저학년부)이 제 방에 올라옵니다. 처음 올라오면 주먹으로 사탕을 한 움큼씩 쥡니다. 그러나 시간이 지나가면서 아이들이 바뀌어갑니다. 욕심도 알게 되고 배려도 알고 절제도 배웁니다. 사탕 세 개만 가져가라고 하면 세 개를 가져가는 순종도 배웁니다. 제가 가끔 "마음껏 사탕 가져가" 하면 아이들이 똑같이 웃습니다. 정말 흡족해서 나오는 웃음입니다. 속에서 나오는 웃음입니다.

    우리들의 속마음은 따로 있습니다. 속마음을 알아차리는 것이 은혜입니다. 입술로는 하나님을 이야기하지만 마음에 문제가 가득한 외식으로는 하나님을 만날 수 없기 때문입니다. 삶의 문제가 해결되면 "주님이 함께하셨어, 주님으로부터 은혜 받았어" 하고 말하지만 사실 그것은 신앙이 아닙니다. 신앙에 대한 오리엔테이션이 잘못된 것입니다. 신앙은 문제가 해결되든 안 되든, 돈이 있든 없든, 괴롭든 안 괴롭든, 마음이 언제나 변함없이 주님께 가 있는 것입니다.

    천만 원이 필요할 때 천만 원이 채워지면 혼이 기뻐합니다. 누구나 그 기쁨을 진술하고 설명할 수 있습니다. 그러나 혼적으로 기쁜 것은 금방 지나갑니다. 그럼 내 영이 기뻐하면, 어떤 현상이 생길까요? 주님밖에 안 보입니다. 나 때문에 산들바람이 부는 것 같고, 따스한 햇볕이 나를 감싸는 것 같은 경험! 주님밖에 안 보이면 형편에 관계없이 주님만 찬양합니다. 실제 내 영이 주님을 기뻐하면, "세상과 나는 간 곳 없고, 구속한 주만 보이도다" 노래하게 됩니다. 믿음이 깊어질수록 주님만 보이는 경험을 많이 하게 됩니다. 그런 것이 없다면 혼적인 즐거움에 그치게 되고, 곧 외식이 됩니다. 마음에 혼적인 것이 가득한데 하나님을 말하는 것은 외식입니다.

내가 좋아하고 사랑하고 필요로 하는 것이 채워졌을 때 오는 감정이 기쁨입니다. 몸이 필요로 하는 것이 채워지면 기뻐하면서 입으로는 하나님을 이야기하는 것은 위선입니다. 이 위선에서 자유로운 하나님의 사람이 과연 얼마나 될까요? 그래서 예수님께서 주기도문을 가르쳐주신 것입니다. 신앙의 핵심입니다. 우리는 부족한 어떤 것을 채우기 위해 간절하게 주님을 찾으면 믿음이 좋은 것으로 압니다. 아닙니다. 완전히 속은 것입니다. 그것은 위선입니다. 믿음의 여정은 마음에 다른 것이 채워진 것을 아파하고 돌이키는 것입니다. 1등 예수, 최강 예수, 왕 되신 예수, 이것은 관념이 아닙니다. 실제 관계입니다.

> 너는 기도할 때에 네 골방에 들어가 문을 닫고 은밀한 중에 계신 네 아버지께 기도하라 은밀한 중에 보시는 네 아버지께서 갚으시리라
> (마태복음 6:6)

'외식의 문제'에 대한 해결책으로 '골방'을 처방하십니다. 단순하게 시공간을 말씀하시는 것이 아닙니다. 세상과 단절하라는 것입니다. 시공간이 세상과 단절되어 있어도 마음은 세상과 단절되지 않을 수 있습니다. 그러나 예수님께서는 마음이 세상과 단절되지 않으면 옳지 않다고 하십니다. 세상과 단절해서 골방으로 갔다면 하나님께 마음을 붙이라는 것입니다.

신앙은 우리 마음이 무엇을 앙모하는가에 달려 있습니다. 문제를 갖고 주님께 오는 것을 좋은 신앙이라고 여기지만 사실은 잘못된 신앙입니다. '왜 그리 갔어. 주님 계시는데 왜 염려해!' 틀린 이야기입니다. 문제에 달라붙어 있는 마음 돌이키고, 문제를 내려놓고 하나님으로 마음을 채우는 것이 신앙입니다.

> 7 또 기도할 때에 이방인과 같이 중언부언하지 말라 그들은 말을 많이 하여야 들으실 줄 생각하느니라 8 그러므로 그들을 본받지 말라 구하기 전에 너희에게 있어야 할 것을 하나님 너희 아버지께서 아시느니라 (마태복음 6:7-8)

주님께서는 이방인처럼 중언부언하지 말라고 하십니다. 이방인은 계속 말을 많이 해야 하나님께서 들으시는 줄로 안다는 뜻으로만 보시면 안 됩니다. 그 이상입니다. 술 취한 사람들을 만나면 제일 힘든 것이 한 이야기 또 하는 것인데, 여기서 중언부언한다는 것은 그런 의미가 아닙니다. 더 근본적인 뜻이 있습니다.

우리가 구하기 전에 우리에게 있어야 할 것을 하나님은 아신다고 하십니다. 나에게 있어야 할 것을 하나님께서 아시는데, 그것을 달라고 우리가 기도하는 것이 중언부언입니다. 그것이 이방인들의 중언부언입니다. 여러분의 신앙의 근간이 흔들려야 합니다. 반발하셔야 합니다. 그럼 뭘 기도하라는 것이냐고 되물으셔야 합니다.

앗수르의 공격을 받은 남유다가 애굽에 도움을 청하러 간 것은 국가의 결정입니다. 애굽에도 정치적, 외교적 이득이 있기에 남유다를 도와줄 것이라고 판단했습니다. 그런데 하나님께서는, 애굽이 아니라 나에게 와야지, 하고 말씀하지 않으셨습니다. 백성들의 마음에 하나님 당신 자체를 채우지 않은 것을 책망하셨습니다. '너희들에게 있어야 할 것을 내가 안다!' 하나님께서 보실 때는 이런 문제가 사실 문제가 아닌데, 그것을 문제로 여기는 우리가 문제라는 것입니다. 문제를 풀려고, 내 것을 채우려고 열심을 냈지, 마음에 하나님을 채우려고 하지 않았다는 사실이 깨달아지기를 축복합니다.

사도 바울은 좋은 스펙들을 똥이라 여겼습니다. 그런데 사람들의 본심은요? "똥이라고 여기는 그 재물, 똥이라도 좋으니 나에게 한번 주세요!" 하는 마음 있지 않습니까? 이제 들켜야 합니다.

> 그러므로 너희는 이렇게 기도하라 하늘에 계신 우리 아버지여 이름이 거룩히 여김을 받으시오며 (마태복음 6:9)

외식과 중언부언은 근본적인 문제입니다. 외식하지 말아야지, 중언부언하지 말아야지, 하는 결심으로 안 됩니다. 하나님은 하늘에 계십니다. 우리는 이 땅에 있습니다. 간절하다고, 정직하다고, 열심이 있고 순결하다고, 우리 기도가 하나님께 상달되는 것이 아닙니다. 예수님을 통과해야만 합니다. 예수님과 함께 연합하여 십자가에서 죽지 않으면 안 됩니다. 예수님과 연합할 때만 하나님께 나아갈 수 있기 때문입니다. 그런데도 왜 외식하고 왜 중언부언할까요? 예수님과 연합하여 십자가에서 죽지 않았기 때문입니다.

하나님 아버지의 이름이 어떻게 거룩히 여김을 받으실 수 있습니까? 마음입니다. 입술이 아니라 마음이 구별되는 것입니다. 주님과 연합해 죽고 마음이 주님과 연합하는 것이 구별되는 것입니다.

우리 마음에는 1등 되고자 하는 욕구가 많습니다. 자식이 그렇습니다. 또 사랑하는 그 무엇이 있습니다. 그것이 해결되지 않는 한, 우리 마음은 구별되지 않습니다. 우리 마음에 1등 되신 그분, 예수! 우리 안에 1등 되고자 하는 수많은 욕구가 십자가에서 죽고 주님과 연합하는 것이 하나님 아버지의 이름이 거룩히 여김을 받는 것입니다. 그것이 실제 됐을 때 중언부언하는 이방인의 외식이 깨집니다.

하나님을 사랑하는 사람은 마음을 하나님께 둡니다. 폴 워셔 목사님은 하나님을 근심시키는 데는 TV 30분이면 충분하다고 말합니다. 명언 중에 명언입니다. 휴대폰 30분이면 하나님 근심시키는 데 충분합니다. 영성이 밑바닥까지 가는데 충분한 시간입니다. 예배 잘 드려도 휴대폰 30분이면 하나님과의 관계는 엉망이 됩니다.

결심! 이제 저는 안 믿습니다. 안 속습니다. 목회하면서 23년 속았으면 됐습니다. 하나님께서는 날마다 예수님과 함께 죽을 수 있는 복을 허락하셨습니다. 저는 이제 그것이 실감이 납니다. 이제 주님 마음을 볼 수 있고, 주님의 마음으로 들을 수 있고, 주님 뜻으로 살 수 있습니다. 그래서 주님 한 분이면 충분합니다.

우리 교회 1부 예배 때는 사도신경이 아니라 주기도문으로 신앙고백 합니다. 주문처럼 주기도문을 외우라는 것이 아닙니다. 하늘에 계신 하나님 아버지와 연합해야 합니다. 여러분의 열심, 간절함, 정직한 삶, 멋지고 올바른 뜻 믿지 마십시오. 주님과 연합해 하나님과 맞닿아야 합니다. 입술로 주님 이야기하지만 문제 해결하려는 마음이 가득한 것이 외식입니다. 마땅히 있어야 할 것을 주님께서 아시는데 우리가 그것을 자꾸 구하는 것이 중언부언입니다. 의지로 안 됩니다. 예수님과 연합한 믿음만이 이길 수 있습니다. 주님께서 가르쳐 주신 대로 기도하며 주님을 앙모하는 믿음의 실제가 드러나기를 예수님의 이름으로 축복합니다.

| 겨울의 장 |

순종의 전문가, 새사람이 결국 이긴다

17. 거듭남 요한복음 2:23-3:5
18. 위의 것을 찾으라! 골로새서 2:20-3:4
19. 하나님의 뜻대로 로마서 8:24 -26
20. 하나님을 사랑하는 자 로마서 8:27-30

요한복음 2:23-3:5

23 유월절에 예수께서 예루살렘에 계시니 많은 사람이 그의 행하시는 표적을 보고 그의 이름을 믿었으나
24 예수는 그의 몸을 그들에게 의탁하지 아니하셨으니 이는 친히 모든 사람을 아심이요
25 또 사람에 대하여 누구의 증언도 받으실 필요가 없었으니 이는 그가 친히 사람의 속에 있는 것을 아셨음이니라

1 그런데 바리새인 중에 니고데모라 하는 사람이 있으니 유대인의 지도자라
2 그가 밤에 예수께 와서 이르되 랍비여 우리가 당신은 하나님께로부터 오신 선생인 줄 아나이다 하나님이 함께 하시지 아니하시면 당신이 행하시는 이 표적을 아무도 할 수 없음이니이다
3 예수께서 대답하여 이르시되 진실로 진실로 네게 이르노니 사람이 거듭나지 아니하면 하나님의 나라를 볼 수 없느니라
4 니고데모가 이르되 사람이 늙으면 어떻게 날 수 있사옵나이까 두 번째 모태에 들어갔다가 날 수 있사옵나이까
5 예수께서 대답하시되 진실로 진실로 네게 이르노니 사람이 물과 성령으로 나지 아니하면 하나님의 나라에 들어갈 수 없느니라

17. 거듭남

스스로 거듭났는지 거듭나지 않았는지 알지 못하는 사람이 태반입니다. 거듭나지 않으면 신앙이 아닙니다. 오늘 말씀으로 거듭남이 무엇인지 보고, 나는 어느 지점에 있는지 스스로 돌아보기를 축복합니다.

신앙은 예수 그리스도를 통해 아버지 하나님께 이르는 것입니다. 하나님께 가서 영원히 교제하는 것입니다. 예수 그리스도를 통하여! 아버지께 가는 것! 아버지와 함께하는 것! 그리고 영원이라는 관점이 중요합니다. '예수 그리스도를 통해'라는 말은 예수님 외에는 길이 없다는 것을 뜻합니다. 예수님만이 길이요 진리요 생명이라는 것입니다. 예수 그리스도와 함께 죽고 함께 살아, 예수님의 몸이 되어, 예수 그리스도를 통한 길과 진리와 생명이 공급됩니다. 예수님의 가슴에 붙어있는 내 이름표로 아버지 하나님께 가는 것이 신앙입니다. 그래서 예수 그리스도와 함께 죽고 함께 살지 않으면 아버지 하나님께 가지 못합니다. 예수님과 함께 죽고 사는 것이 거듭남입니다.

거듭난 사람들의 특징이 있습니다.
첫째, 먼저 하나님을 아버지라 부르는 것이 자연스럽고 거리낌이 없습니다. 습관적인 언어로 익숙해진 것이 아니라 그분이 정말 아버지인 것이 실감납니다.
둘째, 아버지에게 갈 수 있는 유일한 길인 예수님의 손길이 없으면 힘들어합니다. 예수님의 손길이 곧 은혜이기에, 그 은혜가 없으면 아주 힘들어합니다.
셋째, 은혜를 구하고 목말라 합니다. 내가 예측하고, 내가 발견하고, 내가 준비하고, 내가 피땀 흘려 헌신하는 삶이 믿음의 삶이 아니라는 것을 깨닫습니다.
넷째, 성령과 동행하는 삶을 간구합니다. 그래야 은혜가 있기 때문입니다.
다섯째, 용서가 쉽습니다. 대립하고 맺히고 묶여있는 것이 있지만 거듭났다면 용서가 되기 시작합니다. 예수 그리스도를 통해 생명이 들어왔기에, 내가 사는 것이 아니라 내 안에 계신 예수님이 사는 것이 실감 나기에 맺혀 있는 상처가 나를 좌지우지하지 못합니다. 그래서 마음 가운데 풀리는 것이 있습니다.

여섯째, 죄에 대해 민감해집니다. 죄에 대한 통증과 민감함이 개발됩니다. 죄와 맞서 싸우는 성령의 역사가 경험됩니다. 죄의 종 노릇하고 자아가 왕 노릇하는 게 오히려 힘듭니다. 때로는 넘어지고 좌절하고 낙담할 수 있지만 그 죄를 계속 갖고 있지 못하고 끝내 내어놓게 됩니다. 주님의 인도하심으로 마음에 통증이 일어나 기어이 죄를 토해 냅니다.

> 23 유월절에 예수께서 예루살렘에 계시니 많은 사람이 그의 행하시는 표적을 보고 그의 이름을 믿었으나 24 예수는 그의 몸을 그들에게 의탁하지 아니하셨으니 이는 친히 모든 사람을 아심이요 25 또 사람에 대하여 누구의 증언도 받으실 필요가 없었으니 이는 그가 친히 사람의 속에 있는 것을 아셨음이니라 (요한복음 2:23-25)

많은 사람들이 예수님께 나왔습니다. 예수님이 행하신 수많은 표적을 보고 관심이 생겼습니다. 마음이 동했습니다. 예수님께서는 표적을 행하심으로 사람들의 마음을 사셨습니다. 그러나 예수님께서는 당신의 몸을 그들에게 의탁하지 않았습니다. 관계를 트지 않았습니다. 그들을 신뢰하지 않았기 때문입니다. 그들에게 마음을 주지 않으셨습니다. 그들의 마음을 아셨기에 그들을 신뢰하지 않으셨습니다. 여러분을 아시는 주님이십니다. 여러분의 가정을 아십니다.

여러분이 홀로 있을 때의 마음을 아십니다. 아무도 없을 때 행하는 여러분의 행동과 발걸음을 아십니다.

거듭나야 아버지를 볼 수 있습니다. 거듭남은 신앙고백의 문제가 아니라 속의 문제입니다. 그래서 성경은 새 마음을 이야기합니다. 새 마음을 가진 새사람이 거듭난 사람입니다. 거듭나야만 주님과 관계가 트입니다.

공허함이 깊어질 때 우울증도 생깁니다. 하나님의 시선보다 사람들의 시선을 더 의식하게 됩니다. 하나님께서 하고자 하시는 말씀보다 사람들이 듣고 싶어 하는 말에 마음이 더 끌립니다. 시스템이나 음악, 교육과 훈련을 통해 하나님과 연결시키려고 애쓰는 것을 봤습니다. 아닙니다. 먼저 우리의 속마음이 들켜야 합니다.

> 22 유대인은 표적을 구하고 헬라인은 지혜를 찾으나 23 우리는 십자가에 못 박힌 그리스도를 전하니 유대인에게는 거리끼는 것이요 이방인에게는 미련한 것이로되 24 오직 부르심을 받은 자들에게는 유대인이나 헬라인이나 그리스도는 하나님의 능력이요 하나님의 지혜니라 (고린도전서 1:22-24)

표적을 보고 그들이 주님께 나왔습니다. 우리도 표적을 좋아합니다. 표적과 기적을 통해 주님께 마음 빼앗깁니다. 그러나 표적과 기적을 통해 예수님을 믿었다고 하더라도 반드시 말씀으로 건너와야 합니다. 표적을 보고 믿는 경우도 있지만 표적만 구하게 되면 큰일납니다. 믿음이 있으면 표적은 따라옵니다. 그래서 우리 감정이 진리로 통제되어야 합니다. 우리 욕구가 진리로 통제되어야 합니다. 우리 삶의 현장이 진리로 통제되어야 합니다.

이스라엘 백성이 10가지 재앙을 통해 광야로 옵니다. 홍해가 갈라집니다. 수십만 애굽 군대가 홍해에서 몰살당합니다. 그 표적을 이스라엘 백성들이 봤습니다. 그러나 백성들은 3일 후에 목마르다고 하나님을 원망합니다. 표적과 기사를 보았지만 마음에서 불평이 올라옵니다. 50일 후 모세가 시내산에 갔을 때 백성들은 금송아지를 만듭니다. 표적만 본 마음은 신뢰할 수 없습니다. 반드시 말씀으로 옮겨와야 합니다. 말씀을 믿는 믿음 뒤에 따라오는 표적을 경험하셔야 합니다. 표적을 구하는 사람은 삶의 질이 나빠지거나 삶의 형편이 안 좋아지면 못 견뎌합니다. 흔들립니다.

오병이어 기적 때 2만 명 이상이 배불리 먹었습니다. 배가 부른 백성들은 예수님께 왕이 되어 달라고 간청했습니다. 그런데 예수님께서 십자가에서 돌아가실 때는 얼마나 따라왔습니까? 부활한 뒤 승천하실 때는 500여 명만 있었습니다. 마가의 다락방에 남아 성령을 받은 사람은 500여 명 가운데 약 120명이었습니다. 수만 명이 오병이어 기적을 경험했지만 마가의 다락방에 남은 사람은 고작 120

명이었습니다.

> 1 그런데 바리새인 중에 니고데모라 하는 사람이 있으니 유대인의 지도자라 2 그가 밤에 예수께 와서 이르되 랍비여 우리가 당신은 하나님께로부터 오신 선생인 줄 아나이다 하나님이 함께 하시지 아니하시면 당신이 행하시는 이 표적을 아무도 할 수 없음이니이다 3 예수께서 대답하여 이르시되 진실로 진실로 네게 이르노니 사람이 거듭나지 아니하면 하나님의 나라를 볼 수 없느니라 4 니고데모가 이르되 사람이 늙으면 어떻게 날 수 있사옵나이까 두 번째 모태에 들어갔다가 날 수 있사옵나이까 5 예수께서 대답하시되 진실로 진실로 네게 이르노니 사람이 물과 성령으로 나지 아니하면 하나님의 나라에 들어갈 수 없느니라 (요한복음 3:1-5)

거듭남을 설교할 때 요한복음 3장을 빼놓을 수 없습니다. 거듭남에 관한 오리지널 본문입니다. 니고데모는 유대인의 지도자입니다. 산헤드린공회 의원입니다. 사법부와 입법부를 관장하니까 지금으로 치면 대법관과 국회의원을 겸하는 자리입니다. 대단한 권력입니다. 게다가 가르치는 랍비입니다. 이 지도자가 예수님을 찾아옵니다. 그런데 사람들의 눈을 피할 수 있는 '밤'에 예수님을 찾아옵니다. 그리고 예수님이 하나님께로부터 온 줄 안다고 말합니다. 니고데모는 바리새인입니다. 예수님은 바리새인을 '독사의 자식들'이라고 말했습니다. 하나님의 진노를 어떻게 피하려고 하느냐고 꾸짖었던 바리새인입니다. 그 바리새인이 찾아와 예수님이 하나님으로부터 온 줄 안다고 말하면 좋아해 줘도 될 것 같은데 예수님께서는 그렇게 대하지 않으십니다. 니고데모의 말을 조금 수정하고 격려해주면 좋을 것 같은데 예수님께서는 단도직입적으로 거듭나지 않으면 하나님의 나라를 볼 수 없다고 말씀하십니다. 쉽게 말하면 '니고데모, 너는 지옥 간다'는 말입니다. 니고데모는 기분이 정말 안 좋았을 것입니다. 전복세력으로 꼽히는 청년 예수를 대법관이자 국회의원이 찾아와 이렇게 물었는데, 예수님은 '네가 아무리 좋은 고백을 해도 거듭나지 않으면 천국 가지 못한다'고 단호하게 말씀하십니다.

'밤'이 키워드입니다. 니고데모는 사람들의 시선이 의식되기 때문에 '밤'에 찾아왔습니다. 니고데모가 청년 예수를 찾아간 사실을 사람들이 알게 되면 곤란합니다. 자신에게 불이익이 될 수도 있기 때문입니다. 갖고 있는 기득권, 평판에 해가 될 수 있기 때문입니다. 당시 청년 예수는 위험인물, 전복세력으로 지목됐습니다. 그래서 니고데모는 사람 눈을 피해 밤에 찾아왔습니다. 그때 주님은 단도직입적으로 '거듭나지 않으면' 결코 천국 못 간다고 말씀하십니다.

아기가 태어나면 엄마부터 관계합니다. 그리고 아빠랑 관계를 형성합니다. 그리고 할머니, 형제자매, 또래 친구들로 관계를 확장해 갑니다. 동네에서 학교로, 사회로 확장됩니다. 생물학적 탄생은 곧 관계의 확장을 가져옵니다. 니고데모도 관계의 확장을 통해 지도자의 위치를 확보했습니다. 관계 확장을 통해 지위를 확보한 니고데모는 자기가 예수를 찾아갔다는 사실이 알려지는 것은 곤란했습니다. 자기가 쌓은 관계가 깨질 수 있기 때문입니다. 그런 니고데모의 속을 아시는 예수님께서는 거듭나야 한다고 강조하십니다. 그렇다면, 거듭남이란 생물학적 관계 속에서 확장된 관계가 깨지는 것입니다. 여러분 삶의 근간과 가치를 흔드는 무지막지한 말씀입니다.

예수님이 낮고 낮은 곳으로 오시기 위해, 구유로 오셨다고 말씀을 해석하는 것은 잘못입니다. 말 구유가 낮은 곳이면 왕궁이 높은 곳입니까? 아닙니다. 우리가 생각하는 높고 낮음에 대한 가치를 깨뜨리기 위해서 구유에 오신 것입니다. 니고데모가 아무리 좋은 의도를 갖고 주님께 왔다 하더라도, 밤에 당신을 찾아오는 그런 니고데모의 마음으로는 예수님과 관계를 틀 수 없다고 하시는 말씀입니다. 누구의 아빠, 어느 교회의 목사로서의 위치가 깨지고, 어느 자리에서 매진하고 경쟁해서 성공하려고 했던 욕구들이 실제로 깨어지지 않는 한 거듭남은 없습니다. 이런 말씀의 뜻이 전해졌는지, 오병이어 기적을 경험하고 예수님을 따르던 2만5천명의 사람들이 마가의 다락방에서 약 120명으로 줄어듭니다.

세상에서 확장되는 관계를 깨뜨리고 그 예수님과 관계를 맺었을 때 그 하나님 아버지를 통해 보이는 시선을 갖게 됩니다. 생물학적 시선으로 엄마를 보는 것이 아니라, 거듭난 예수님의 시선으로 엄마를 바라보는 것이 신앙입니다. 세상에 온 에너지를 다 쏟았던 욕망덩어리인 '내'가 회사를 바라보는 것이 아니라, '거듭난 시선'으로 회사를 바라보는 것입니다.

성숙에 대한 오해를 풀어야 합니다. 성숙은 무언가 다듬고 채우고 보충하고 개선해서 되는 것이 아닙니다. 최초의 인류 아담은 성숙한 모습으로 창조됐습니다. 눈을 떴을 때 이미 모든 조건이 갖춰져 있었습니다. 온 만물의 이름을 다 지을 수 있도록 완벽하게 지어졌습니다. 그러나 그 완벽함은 타락으로 무너졌습니다. 스스로 왕노릇하려다 무너졌습니다. 다시 회복하려면 어떻게 해야 합니까? 무엇을 어르고 훈련해서요? 무언가 채우고 고쳐서요? 무엇을 개선하고 새롭게 해서요? 아닙니다. 죽지 않으면 안 됩니다. 자아는 예수와 함께 죽고 다시 태어나야 합니다. 그 거듭남만이 길입니다.

니고데모처럼 기존의 관계를 그대로 놔둔 채 예수와 새로 관계를 맺으려고 하는 것 자체가 거듭나지 않았다는 증거입니다. 니고데모는 세상에서 취하고 이룬 것을 하나도 버릴 수 없다는 마음으로 '밤'에 예수님을 찾아갔습니다.

에덴으로 다시 돌아가려면 예수님과 함께 죽어야 합니다. 보충하고 배우고 깨달음으로 되는 것이 아닙니다. 나 주님과 함께 죽었습니다! 아노텐[9]! 위로부터! 주님으로부터 비롯되지 않은 것은 안 됩니다. 기존의 관계가 죽고 주님의 눈으로 가족과 자녀와 회사를 바라보셔야 합니다.

하나님께서는 다른 대안이 없는 상황으로 저를 몰아가셨습니다. 그런데 그때 비로소 주님이 보였습니다. 찾아갈 곳도 없고, 억울함을 하소연할 수도 없는 상황! 사방이 다 막혀 있고 하나님만 바라볼 수 있는 상황으로 몰아가셨습니다. 그때 다 내려놓았습니다. 그런데 대안이 없어지니까 주님께서 대안이 되셨습니다. 그래서 성경에 '오직'이라는 단어가 나오면 저는 가슴이 뜁니다. 그것만 있기 때문입니다. 대안이 없으니까, 예수 외에는 길이 없으니까, 죄를 짓고 낙망하고 무너져도 예수님 외에는 대안이 없으니까 삽니다. 여러분에게도 삶의 관계를 회복할 다른 대안이 없기를 축복합니다. 주님께서 하시는 것 아니면 움직일 수 없는 인생, 주님 아니면 회복될 수 없는 인생! 때로는 무너지고, 머리끝까지 화가 나도 주님 아니면 안 되는 인생! 다른 관계는 다 죽고 예수님과의 관계만 살아 있는 삶을 살아가시기를 예수님 이름으로 축복합니다.

니고데모처럼 점잖은 모습에 속지 마십시오. 예수님을 찾아온

---

9   '거듭나다'는 뜻의 헬라어로 '다시'라는 뜻과 '위로부터'라는 뜻이 있다. 거듭남은 하늘에 계신 하나님으로부터 다시 태어나는 것이라는 뜻을 담고 있다.

것 자체를 겸손으로 여기지 마십시오. 거듭나지 않으면 하나님의 나라를 볼 수 없습니다. 우리 관계가 십자가에서 모두 죽고, 주님과 관계 맺지 않으면 하나님 나라를 갈 수 없습니다. 그 말이 실감 나셔야 합니다. 회개하지 못함을 회개하십시오. 마음을 솔직하게 드리지 못함을 회개하십시오. 건조하고 밋밋한 마음을 그대로 두었음을 회개하십시오. 새사람이 결국 이깁니다. 새사람이 홍해를 건너 광야를 지나 가나안으로 들어갑니다.

골로새서 2:20~3:4

20 너희가 세상의 초등학문에서 그리스도와 함께 죽었거든 어찌하여 세상에 사는 것과 같이 규례에 순종하느냐
21 (곧 붙잡지도 말고 맛보지도 말고 만지지도 말라 하는 것이니
22 이 모든 것은 한때 쓰이고는 없어지리라) 사람의 명령과 가르침을 따르느냐
23 이런 것들은 자의적 숭배와 겸손과 몸을 괴롭게 하는 데는 지혜 있는 모양이나 오직 육체 따르는 것을 금하는 데는 조금도 유익이 없느니라

1 그러므로 너희가 그리스도와 함께 다시 살리심을 받았으면 위의 것을 찾으라 거기는 그리스도께서 하나님 우편에 앉아 계시느니라
2 위의 것을 생각하고 땅의 것을 생각하지 말라
3 이는 너희가 죽었고 너희 생명이 그리스도와 함께 하나님 안에 감추어졌음이라
4 우리 생명이신 그리스도께서 나타나실 그 때에 너희도 그와 함께 영광 중에 나타나리라

18. 위의 것을 찾으라 !

　새사람이 되면 이 땅에서 이기게 됩니다. 거듭난 사람은 위의 것을 생각하고 바라보고 찾습니다. 오늘 말씀으로 믿음의 사람들이 어떻게 이기는지 보셔야 합니다. 우리 교회 초창기에 골로새서 2장 20절에서 23절까지 보며 '신앙의 탈선은 예수 그리스도로부터 초점이 멀어지는 것'이라는 하나님 마음을 본 적 있습니다. 본질을 잃어버리면 무익합니다. 본질을 잡고 가야 합니다. 본질 잡고 갔을 때 흔들리지 않고 하나님의 뜻이 교회를 통해 이루어집니다.

　회사가 아닌 교회에서도 유능한 사람, 사회적으로 영향력 있는 사람을 많이 쓰려는 경향이 있습니다. 그런 사람을 의식하는 경향도 나타납니다. 본질 되신 예수님이 아닌 찬양 시스템 등으로 하나님을 주목하게 하려는 프로그램도 있습니다. 그러나 본질 예수 놓치면 죽습니다. 예수님 외에 다른 길은 없습니다.

다른 교회의 한 목사님 이야기입니다. 처음 교회를 개척할 때 보증금 500만 원에 월 임대료가 15만 원이었는데, 건물주가 월세를 90만 원으로 올려달라고 했다고 합니다. 그 목사님이 전도사로 있을 때 이야기인데, 전도사님이 얼마나 낙심한 표정을 짓고 있었는지 건물 밑에서 가게를 하시는 분이 전도사님에게 이렇게 말했다고 합니다. "전도사님, 너무 낙심하지 마세요, 하늘이 돕지 않겠어요." 그 말을 듣고 전도사님은 자신이 얼마나 낙심하고 힘든 표정을 보였기에 불신자가 자신에게 그런 위로를 해줄까 하는 생각에 정신이 번쩍 들었다고 합니다. 실제로 무엇을 바라보고 사는지 알게 된 것입니다.

많은 사람들이 역사를 공부하고 연구합니다. 역사의 흐름과 세상을 이끌어가는 힘을 알면 돈을 벌 수 있습니다. 저는 역사의 방향을 선명하게 압니다. 다시 오실 예수를 준비하는 역사의 방향입니다. 너무 뚜렷합니다. 세상은 힘에 대해 분석하고 전망하고 계획하지만 저에게는 역사의 방향이 너무나 선명합니다. 예수님이 정말 힘이고 본질이라면, 기꺼이 따라가겠다고 선언하게 될 것입니다. 돈 문제가 생겼을 때 그 문제를 해결할 수 있는 방법을 따를 것인가, 아니면 예수님을 따를 것인가! 우리는 선택하고 결정해야 합니다. 예수 믿는 것은 관념이 아닙니다. 실제입니다.

> 20 너희가 세상의 초등학문에서 그리스도와 함께 죽었거든 어찌하여 세상에 사는 것과 같이 규례에 순종하느냐 21 곧 붙잡지도 말고 맛보지도 말고 만지지도 말라 하는 것이니 22 이 모든 것은 한때 쓰이고는 없어지리라 사람의 명령과 가르침을 따르느냐 23 이런 것들은 자의적 숭배와 겸손과 몸을 괴롭게 하는 데는 지혜 있는 모양이나 오직 육체 따르는 것을 금하는 데는 조금도 유익이 없느니라
>
> (골로새서 2:20-23)

세상의 초등학문에서 우리가 예수님과 함께 죽었다고 말씀합니다. 세상의 초등학문이란 세상을 움직이는 힘입니다. 우리에겐 세상을 움직이는 힘을 통해 행복해지고 싶은 욕구가 있습니다. 문학의 세계에선 문학을 통해 인간의 정서가 아름다워지고 그것으로 우리 행복을 꽃피우고자 합니다. 경영학에서는 경영을 통해 사람들이 풍족하게 되고 이득이 되는 일들을 추구합니다. 모든 학문이 그럴 것입니다. 함께 잘사는 것, 그리고 어떤 행복과 기쁨을 추구합니다. 본질 예수를 떠나면 세상을 이끌어가는 힘에 대한 강력한 욕구가 100% 생깁니다. 세상의 것을 소유하고자 하는 욕구 때문에 우리는 더 열정적이 됩니다.

20절을 보면, 규례에 순종하느냐고 말씀합니다. 여기서 '순종'은 헬라어 '도그마티조'라는 말로 법령에 대해 일상적으로 복종하는 태도를 뜻합니다. 율법을 따라가는 것이 좋지 않다는 뉘앙스입니다. 율법은 하라는 것과 하지 말라는 것, 두 종류가 있습니다. 율법을 따라가는 것이 왜 좋지 않다고 할까요? 주님 안에서 은혜가 충만해 앞으로 명령하실 모든 율법을 지킨다 해도 우리는 가망이 없고 소망이 없습니다. 이미 하지 말라고 명하신 계명들을 어겼기 때문입니다. 우리 존재는 '이미' 율법을 파괴한 사람입니다. 그래서 율법과 규례로는 길이 없습니다. 그래서 '붙잡지도 말고 맛보지도 말고 만지지도 말라 하는 것이니 이 모든 것은 한때 쓰이고는 없어지리라'고 말씀하시는 것입니다.

> 1 그러므로 너희가 그리스도와 함께 다시 살리심을 받았으면 위의 것을 찾으라 거기는 그리스도께서 하나님 우편에 앉아 계시느니라
> 2 위의 것을 생각하고 땅의 것을 생각하지 말라 (골로새서 3:1-2)

3장 1절부터 본질 예수를 잘 설명하고 있습니다. '위의 것을 찾으라!' 거기는, '그리스도께서 하나님 우편에 앉아 계시느니라' 하고 말씀합니다. 본질 예수를 이야기하면서 위의 것을 찾으라고 하십니다. 그리고 위에는 예수님이 하나님 우편에 앉아 계신다고 말씀하십니다. 위의 것을 찾으면 하나님 보좌 우편에 계신 예수님을 보게 될 것이라는 말씀입니다.

하나님 보좌 우편에 계신 예수! 이것은 곧 하나님과 예수님 사이에는 아무것도 없다는 말입니다. 그 중간에 끼어 있는 것이 아무것도 없습니다. 하나님과 예수님은 하나라는 뜻입니다. 하나님은 예수님을 보고 예수님은 하나님을 봅니다. 위의 것을 찾으면 하나님과 예수님 사이에 아무것도 끼어있지 않다는 것을 알게 됩니다.

그리스도와 함께 다시 살리심을 받았다면 그것을 압니다. 그리스도와 함께 다시 살리심을 받았다는 것은 거듭났다는 것입니다. 거듭난 사람은 나와 주님 사이에 아무것도 끼어 있으면 안 됩니다. 그리스도와 함께 다시 살리심을 받았다면, 내가 세상에 대해 죽은 것입니다. 그래서 세상을 움직이는 힘을 따라가지 않습니다. 주님과 나 사이에 끼어있는 것이 발견된다면 그것을 십자가로 가져가 죽이는 것, 그것이 거듭남입니다.

오병이어 기적을 경험한 백성들은 예수님께 왕 되어 달라고 합니다. 그 예수님이 왕 되시면 사업도 잘 되고 건강해지고, 기쁨과 평화도 있을 것이라고 기대했기 때문입니다. 그런데 예수님은 십자가로 가십니다. 능력과 지혜가 충만하셨는데 세상의 어떤 지위도, 어떤 성공도, 어떤 부를 축적하는 것에도 관심이 없으셨습니다. 왜요? 세상에는 관심 둘 것이 없다는 것을 우리에게 몸소 보여주신 것입니다.

니고데모처럼 세상에서 구축한 관계와 지위를 그대로 놔두고, 주님과 새로 관계를 트고자 하는 것은 거듭난 것이 아닙니다. 그것은 세상에 대해 마음이 죽은 것도 아닙니다. 내가 하고 싶고, 되고 싶고, 갖고 싶은 욕구를 그대로 놔두고 주님께 오는 것은 위선입니다. 내가 이 땅에서 무언가 이루겠다는 마음이 죽었다는 것은 곧 주님과만 관계하며 살겠다는 것입니다. 그런데 그 주님이 십자가에서 돌아가신 뒤 부활하셨습니다. 그리고 승천하셨습니다. 그럼 우리는요? 우리도 주님과 함께 부활해 주님과 함께 하나님 보좌 옆까지 따라가야 합니다. 우리 몸이 따라갑니까? 먼저 우리 마음이 따라가는 것입니다. 그래서 마음이 어디로 가고 있는지를 보는 것이 너무나 중요한 것입니다.

내 마음이 예수님을 따라가 보니까, 아버지 하나님과 예수님만 봅니다. 그런데 내 몸은 어디에 있습니까? 땅에 있습니다. 땅에 살고 있지만 아버지 하나님과 예수님 사이에 아무것도 끼어 있지 않다는 것을 보고 사는 것입니다. 하나님과 예수님을 보고 이 땅에 와서, 나와 예수님 사이에 끼어 있는 것을 십자가에서 죽일 수 있도록 발견하라는 것입니다. 본질 예수를 발견하라는 것입니다. 그것이 신앙입니다. 거듭났다면 마음에 차오르는 기타의 관계들, 세상의 관계들은 필요가 없다고 선언하게 됩니다. 거듭났다면 위의 것을 찾게 됩니다. 우리 몸은 이 땅에 있으니, 이 땅에 살면서 여러 문제가 생깁니다. 자식 문제가 생기고 돈 문제가 생기고 관계 문제가 생깁니다.

문제를 해결하는 방법을 보면 거듭났는지 알 수 있습니다.

어떤 목사님에게 7살 말썽꾸러기 아들이 있었습니다. 몇 번이나 주의를 주고 경고해도 말을 안 들었습니다. 아버지인 목사님이 정말 화가 나서 한 번만 더 그러면 회초리를 들 거라고 말했는데도 또 말썽을 피웠습니다. 그래서 목사님이 회초리를 들고 때리려고 하는데, 아이가 때리지 마세요! 하고 부르짖었답니다. "때리지 마세요! 제 안에 예수님 계세요! 저 때리시면 제 안에 계시는 예수님 때리시는 거예요!" 어이없는 표정을 짓는 것이 당연할 것 같았는데 그때 목사님은 깨달았다고 합니다. "내가 예수님과 함께 십자가에 죽었다!"고 선포하지 못한 자신의 마음을 알아차린 것입니다.

차오르는 욕구가 있을 때 위의 것을 찾는 사람은 주님과 나 사이에 아무것도 끼어있지 않은 것을 보게 됩니다. 끼어있는 다른 것이 보이게 되면, "나는 예수님과 함께 죽었어, 너는 끼어들 수 없다!"고 선포하며, 주님의 눈으로 모든 것을 새롭게 재해석합니다. 위의 것을 '생각한다'는 것은 '마음을 둔다'는 것입니다. 한번 생각하는 것으로 끝나는 것이 아닙니다.

'모든 이름 위에 뛰어난 이름! 예수는 주 예수는 주!'라는 찬양이 있습니다. 모든 이름 위에 뛰어난 이름이 예수님이라면, 실제로 돈 문제가 생겼을 때에도 예수님을 찾는 것이 믿음입니다. 예수님이 돈보다 뛰어납니다. 그래서 돈 문제가 생길 때도 돈 문제 해결하려고 길을 찾는 것이 아닙니다. 예수님을 찾아야 합니다. 돈의 주인은 예수님입니다. 갈수록 건강 문제 많이 생길 것입니다. 좋은 의료환경, 좋은 의사 선생님! 그러나 그것보다 뛰어난 이름이 예수님입니다. 비상식적인 이야기가 아닙니다. 거듭나니, 그것보다 더 논리 정연한 것이 없습니다. 그래서 예수님 한 분으로 충분한 것입니다.

> 3 이는 너희가 죽었고 너희 생명이 그리스도와 함께 하나님 안에 감추어졌음이라 4 우리 생명이신 그리스도께서 나타나실 그 때에 너희도 그와 함께 영광 중에 나타나리라 (골로새서 3:3-4)

우리 생명이 하나님 안에 감추어져 있다고 하셨습니다. 그리스도가 주신 생명이 진짜 생명이 되기 위해서는 영원해야 합니다. 생명이 한정적이라면 참 생명이 아닙니다. 예수님이 길이요 진리요 생명이라고 할 때, 그 생명은 영원성을 갖고 있습니다. 돈이 부족할 때 죽을 것 같고, 실제로 건강에 문제가 있으면 죽기도 합니다. 그러나 하나님 안에 감춰진 이 영원한 생명이 있으면 우리는 죽지 않습니다. 그래서 재정 문제 생겨도, 건강 문제 생겨도 주님 찾을 수 있는 것입니다. 속이 상할 수 있지만 본질 예수를 알기에, 예수님과 함께 하나님 안에 감춰진 생명이 나에게 있으니 상한 마음이 주님과 나 사이에 결코 끼어들 수 없다고 말할 수 있습니다. 십자가에서 주님과 함께 죽은 사람들에게 실제 영원한 생명의 역사가 드러납니다.

그래서 결국 위의 것을 바라보는 새사람이 이깁니다.

> 20 그러나 우리의 시민권은 하늘에 있는지라 거기로부터 구원하는 자 곧 주 예수 그리스도를 기다리노니 21 그는 만물을 자기에게 복종하게 하실 수 있는 자의 역사로 우리의 낮은 몸을 자기 영광의 몸의 형체와 같이 변하게 하시리라 (빌립보서 3:20-21)

예수님을 기다리십시오. 예수님을 부르십시오. 재정의 문제보다 예수님을 따르겠다고 말하십시오. 돈 문제 생길 때 예수님을 부르십시오. 만물을 복종하게 하실 수 있습니다. 건강에 문제가 생겨도 예수님을 부르십시오. 21절 '낮은 몸'은 '굴욕적인, 병든, 아픈, 사기당할 수 있는, 상처받을 수 있는 몸'이라는 뜻입니다. 이런 몸이 영광의 몸이 됩니다. 영광은 1등입니다. 탁월한 상태입니다. 모든 것과 싸워서 이긴 상태입니다. 두 번째 것이 절대 이길 수 없는 상태입니다. 어떤 문제도 우리를 해칠 수 없다는 것입니다. 골로새서 3장 4절과 똑같은 말씀입니다. 이래도 예수님께 마음을 안 주는 사람은 도대체 어떤 사람들입니까?

죄는 결코 가만히 있지 않습니다. 우리는 죄가 재미있다는 등식에 잘 속습니다. 그러나 죄는 하나도 재미없습니다. 죄는 죄책감과 수치심과 근심을 줍니다. 마음이 오그라지게 하고 영원한 소망을 품지 못하게 합니다. 생각만 해도 끔찍한 것이 죄입니다. 솔직하게 살

펴보십시오. 우리가 약해서 죄를 못 이깁니까? 아닙니다. 무언가를 취하고 싶은 이기심이 죄를 이기지 못하게 합니다. 중독의 문제도 마찬가지입니다. 우리가 왜 그렇게 죄로 허망해지는가! 우리의 이기심 때문입니다.

그놈의 스마트폰이, 그놈의 게임이, 그놈의 쇼핑이 뭐라고! 거기에 힘 다 빼앗기고 주님께 쓸 에너지와 마음은 하나도 없고 몸은 쇠약해지고, 그깟 돈이 뭐라고 주님께서 쓰시고자 할 때 쓸 돈은 하나도 없고, 사회에 모든 신경을 다 빼앗겨버리고! 사회가 이끌어가는 힘에 푹 빠져 사는 게 우리입니다. 돌이키셔야 합니다. 더 이상 주님과 나 사이에 끼어있는 죄 용납하지 않겠다고! 위의 것을 찾겠다고! 선포하셔야 합니다.

히브리서 11장은 믿음의 사람들이 나오는 믿음의 장입니다. 믿음으로 이 땅에서 부자가 되기도 하고 매 맞아 죽기도 합니다. 그러나 모두 믿음으로 이겼다고 말합니다. 그리고 12장으로 넘어옵니다.

> 1 이러므로 우리에게 구름 같이 둘러싼 허다한 증인들이 있으니 모든 무거운 것과 얽매이기 쉬운 죄를 벗어 버리고 인내로써 우리 앞에 당한 경주를 하며 2 믿음의 주요 또 온전하게 하시는 이인 예수를 바라보자 그는 그 앞에 있는 기쁨을 위하여 십자가를 참으사 부끄러움을 개의치 아니하시더니 하나님 보좌 우편에 앉으셨느니라
>
> (히브리서 12:1-2)

죄를 벗어버리고 믿음으로 경주하자고 하십니다. 예수님이 믿음의 주요 창시자입니다. 믿음의 주인 예수님! 하나님과 예수님 사이에 아무것도 끼어있지 않은 상태, 그 상태를 우리에게 주시고자 합니다. 그 예수를 바라보고 또 바라보면 어떻게 됩니까? 예수님을 사랑하는 바보가 됩니다. 바라보는 대상이 내 안에 들어옵니다. 예수님을 바라보라는 것은 예수님을 생각하고, 예수님을 사랑하고, 위의 것을 찾으라는 것입니다. 그럼 내 안에 있던 욕구는 온데간데없고 오직 구속한 주만 보이게 됩니다.

> 21 물은 예수 그리스도께서 부활하심으로 말미암아 이제 너희를 구원하는 표니 곧 세례라 이는 육체의 더러운 것을 제하여 버림이 아니요 하나님을 향한 선한 양심의 간구니라 22 그는 하늘에 오르사 하나님 우편에 계시니 천사들과 권세들과 능력들이 그에게 복종하느니라 (베드로전서 3:21-22)

나와 주님 사이에 아무것도 끼어있지 않을 때 능력이 드러납니다. 그래서 돈이 아니라 그리스도를 따르는 것입니다. 나와 주님 사이에 끼어 있는 것을 십자가에서 주님과 함께 죽이고, 위의 것을 생각하고 주님 바라보는 흰옷 입은 무리가 여러분이 되기를 예수님의 이름으로 축복합니다.

로마서 8:24-26

24 우리가 소망으로 구원을 얻었으매 보이는 소망이 소망이 아니니 보는 것을 누가 바라리요
25 만일 우리가 보지 못하는 것을 바라면 참음으로 기다릴지니라
26 이와 같이 성령도 우리의 연약함을 도우시나니 우리는 마땅히 기도할 바를 알지 못하나 오직 성령이 말할 수 없는 탄식으로 우리를 위하여 친히 간구하시느니라

19. 하나님의 뜻대로

오늘 말씀을 통해 우리가 하나님을 얼마나 많이 오해했는지 오염된 우리 믿음의 현주소를 보게 될 것입니다. 여러분은 하나님의 뜻과 의지가 우리 삶에 다가오면, 그 삶이 가장 복된 믿음의 삶이라는 것을 믿을 수 있습니까?

정화수 떠놓고 100일 기도하는 내용과 새벽마다 교회에 나와 드리는 기도 내용이 별반 차이가 없다면 조금 이상한 것 아닐까요? 기도란 하나님께 나아가는 교통의 수단입니다. 기도의 대상은 하나님 아버지입니다. 예수님을 통해 하나님께 나아가는 것이 기도입니다. 기도를 통해 그분의 생각과 뜻을 알게 됩니다. 그분으로부터 힘을 공급받는 통로입니다. 아버지 하나님께 가는 것이 기도라면, 아버지께 가는 사람은 자녀입니다. 불신자가 아버지께 나아갈 수 없습니다. 하나님을 아버지라고 부를 수 있는, 양자의 영을 받은 사람만이 아버지 하나님께 나아갈 수 있습니다.

하나님과 교통하고 하나님으로부터 힘을 받는 기도를 통해 하나님께 나아가는 사람은 정기적으로 하나님을 만납니다. 하나님과 나, 단독자로 만나는 시간을 갖습니다. 우리는 사랑하는 연인과 전화하고 따로 약속을 잡습니다. 하나님을 정말 만나면 정기적으로 하나님과 만나는 시간을 갖습니다.

우리는 또 무시로 기도합니다. 무시로 기도할 때의 내용을 보면 급할 때만 하나님을 찾을 때가 많습니다.

또 아침에 눈을 뜰 때 기도하지요? 깨어날 때 다른 꿈을 꾸었다 하더라도 그것을 중단시키고 기도합니다. 천하의 큰 걱정거리가 있어도 하나님께 기도부터 합니다 "나, 주님 사랑해요~ 정말 사랑해요, 주님 사랑하는 것 하루 종일 그치면 안 돼요 주님! 내 마음에서 촉촉함이 떠나가는 것 너무 싫어요. 그런데 주님 아시잖아요. 제 힘으로는 안 돼요. 그래서 오늘 하루도 저는 죽었습니다. 십자가에서 나는 죽고 주님으로 삽니다. 제가 왕 노릇하려고 할 때마다 그것을 허용할 수 없으니, 죽었음을 선포하고 또 선포합니다."

아침에 눈을 떴을 때 돈 걱정이 들어오고, 관계 걱정도 들어오지요? 그런데 그 걱정이 여러분을 지배하도록 그냥 내버려 두지 마십시오. 결혼이나 취업 걱정 있을 수 있습니다. 나만 왜 이렇게 안 풀리나, 하며 억울한 마음이 생길 수도 있습니다. 건강 문제로 아픔이 있고 삶의 터전이 흔들리는 상황이 올 수도 있습니다. 그러나 아침에 일어나면 그런 생각이 들어오는 것을 허용치 마십시오. 그런 생각과 염려가 들어올 때마다 여러분은 어떻게 기도하십니까? 문제가 풀리게 해달라는 기도는 이방 종교에서도 합니다. 우리 기도가 그들의 기도와 왜 다르지 않게 됐을까요? 왜 우리가 그런 믿음이 됐을까요?

여러분, 잠들기 전에는 무엇을 하십니까? 어떤 기도를 하십니까? 잠들기 전에는 반드시 무릎 꿇는 연습을 하셔야 합니다. 그놈의 스마트폰이 뭐라고, 그놈의 TV가 뭐라고, 그것 붙잡고 있다가 잠을 잔단 말입니까? 잠들기 전에는 무릎 꿇는 훈련하셔야 합니다. 스마트폰 보다가, TV 보다가 잠들지 마십시오. 하루를 마무리하는 기도를 하고 난 뒤 다른 것 또 하지 마십시오. 하루의 마지막을 꼭 기도로 마무리하는 연습하십시오.

이번 크리스마스에 유아 3명이 세례를 받는데 부모들에게 2주 동안 경건훈련을 하라고 과제를 주었습니다. 내가 어느 때 주님을 생각했는지 날마다 돌아보고 잠자리에 들라고 했습니다. 하루를 마무리하며 언제 주님을 생각했는지 돌아보면 깜짝 놀랄 것입니다. 24시간 동안 주님을 얼마나 생각했는지 돌아보면 절망할 수밖에 없습니다. 예수님을 거의 생각하지 않았거나, 생각했다고 하더라도 뭔가 급한 일이 생길 때만 주님을 찾았을 것이기 때문입니다. 우리는 주님을 사랑하기 때문에 주님을 찾는 것이 아닙니다. 왜 그럴까요? 나를 돌보시는 하나님의 사랑을 발견하지 못하며 살기 때문입니다. 매일 기도하는 경건훈련을 해보면 나의 믿음의 현주소를 정확하게 보게 됩니다.

> 24 우리가 소망으로 구원을 얻었으매 보이는 소망이 소망이 아니니 보는 것을 누가 바라리오 25 만일 우리가 보지 못하는 것을 바라면 참음으로 기다릴지니라 26 이와 같이 성령도 우리의 연약함을 도우시나니 우리는 마땅히 기도할 바를 알지 못하나 오직 성령이 말할 수 없는 탄식으로 우리를 위하여 친히 간구하시느니라
>
> (로마서 8:24-26)

성령께서 우리의 연약함을 도우십니다. 또 우리는 마땅히 기도할 바를 알지 못한다고 하십니다. 우리 신앙의 가장 오염된 부분이 바로 여기입니다. 실제로 우리는 기도할 바를 너무 잘 알고 있습니다. 돈 문제 생길 때, 자녀 문제 생길 때 어떻게 기도해야 할지 너무 잘 알고 있습니다. 그런데 성경은 우리가 마땅히 기도할 바를 모른다고 말합니다. 그리고 친히 성령께서 우리를 위해 간구하고 계신다

고 합니다. 아버지께 나아가는 사람은 자녀입니다. 양자의 영이 임해야 아버지께 부르짖습니다.

> 주께서 전에 말씀하시기를 내 이름을 거기에 두리라 하신 곳 이 성전을 향하여 주의 눈이 주야로 보시오며 종이 이 곳을 향하여 비는 기도를 들으시옵소서 (역대하 6:20)

이 성전을 향하여! 이곳을 향하여! 어디에나 계시는 하나님께서는 당신의 이름을 성전에 두셨습니다. 솔로몬도 하나님께서 이 성전에서 기도를 들으시니, 성전에서 하나님을 향해 기도합니다.

> 38 내가 제단 위에 드릴 것은 이러하니라 매일 일 년 된 어린 양 두 마리니 39 한 어린 양은 아침에 드리고 한 어린 양은 저녁 때에 드릴지며 40 한 어린 양에 고운 밀가루 십분의 일 에바와 찧은 기름 사분의 일 힌을 더하고 또 전제로 포도주 사분의 일 힌을 더할지며 41 한 어린 양은 저녁 때에 드리되 아침에 한 것처럼 소제와 전제를 그것과 함께 드려 향기로운 냄새가 되게 하여 여호와께 화제로 삼을지니 42 이는 너희가 대대로 여호와 앞 회막 문에서 늘 드릴 번제라 내가 거기서 너희와 만나고 네게 말하리라 (출애굽기 29:38-42)

구약시대 성막 앞 번제단에서 아침저녁으로 백성들이 번제를 드린다고 말씀드렸습니다. 하나님께서는 그곳에서 백성을 만나주십니다. 기도는 하나님께 나아가는 것이고 하나님의 힘을 공급받는 통로입니다. 하나님께서는 성전에서 들으십니다. 성전의 번제단은 자아가 죽는 곳입니다. 하나님 앞에서 내가 번제물 되어 죽기 전까지는 그분을 볼 수 없습니다. 내가 기도하는 내용이 먼저 죽기 전에는 기도가 주님께 상달되지 않습니다. 자아가 살아서 드렸던 수많은 기도는 의미 없습니다.

당장 재정의 문제가 생겨서, 1억을 내일까지 마련하지 못하면 회사가 망하고, 우리 가족들도 망하게 되니까, 돈 문제를 갖고 주님께 나왔습니다. 그것을 주님께 올려드리려고 주님께 나왔는데 어디를 통과해야 됩니까? 번제단입니다. 죽는 곳입니다. 그곳에서 돈 문제가 죽게 되면 우리는 마땅히 기도할 바를 모르게 됩니다. 하나님 앞에서 문제가 죽는 것을 경험하지 못하면, 아무리 금식하고 합심해서 기도한다고 해도 그 기도는 이루어지지 않습니다. 돈 문제가 생겼다면, 하나님께서 다루어 가시는 것입니다. 돈 문제에 대해 죽기를 바라시는 하나님의 마음을 보셔야 합니다. 하나님은 돈 문제에 개의치 않고 주님께 마음을 쓰는 하나님의 사람으로 우리를 다루어 가십니다.

성령이 하나님의 뜻대로 성도를 위하여 간구하십니다. 이 하나님을 경험하셔야 합니다. 우리 마음을 감찰하시고 살피십니다. 그래서 마음이 중요합니다. 우리 마음에 무엇이 채워졌는지 알지 못하고, 그 마음에 채워진 것이 십자가에서 주님과 함께 죽지 않으면, 우리를 향한 하나님의 뜻은 볼 수 없습니다.

> 너희는 이 세대를 본받지 말고 오직 마음을 새롭게 함으로 변화를 받아 하나님의 선하시고 기뻐하시고 온전하신 뜻이 무엇인지 분별하도록 하라 (로마서 12:2)

하나님의 뜻이 선하시고 기뻐하시고 온전하시다는 것을 믿으십니까? 내 자아가 죽고 기도할 바를 알지 못하고 주님을 바라볼 때, 주님의 뜻이 하나님의 사람을 위하여 임합니다. 그런데 우리는, 내가 해결하고, 내가 궁리하고, 내가 풀어가려고 애씁니다. 주님과 함께 죽지 않았다는 증거입니다.

주일 설교 강대상에 서기 전에 저는 하나만 기도합니다. 설교 잘하게 해달라고 기도하지 않습니다. 오직 제 마음에 주님만 남아 있게 해달라고 기도합니다. 영적 전쟁입니다. 재정의 문제가 채워져 있다면, 그 재정의 문제를 마음에서 치우는 것이 영적 전쟁입니다. 여러분 마음에 있는 그것 치우기기 쉽습니까? 예수님과 함께 죽고, 예수님과 함께 살기가 쉽습니까? 잘 안 되잖아요. 그럼 될 때까지 하십시오. 그럼 커가는 믿음을 볼 것입니다.

착한 일을 하고, 옳은 일을 하는 것이 아닙니다. 노력해서 따내는 것이 아닙니다. 주님은 여러분을 깨뜨리십니다. 자아를, 교만을 깨뜨리십니다. 자아 속에 있는 욕망을 깨뜨리십니다. 관계가 어렵다면 주님께서 그 관계를 통해 여러분을 깨뜨리시려고 하는 것입니다. 관계에 대한 어려움이 마음에 차 있는 것, 주님과 함께 죽었다고 선포하고, 주님으로 마음 채우고 싶다고 소원하십시오.

재정이 어렵습니까? 갈수록 더 어려운 일이 많아질 것입니다. 재정을 먼저 해결하려고 노력하지 마십시오. 재정이 내 삶이 된 것을 회개하시고, 돌이키십시오. 부부 사이가 어렵습니까? 낙담이 옵니까? 하나님은 그것을 통해 우리를 새롭게 다듬어 가십니다. 마음을 주님께 올려드리고, 여러분의 마음에 주님이 채워지게 해달라고 기도하십시오. 문제가 있어 주님께 탄원하러 나오셨습니까? 먼저 번제단에서 죽으셔야 합니다. 그럼 주님께서 성도를 위하여, 우리를 위하여, 친히 간구하게 하십니다. 그리고 간구한 그것을 우리 삶에서 보게 됩니다.

기도는 먼저 죽음을 경험하는 것입니다. 중보하든 간구하든, 주님과 함께 먼저 죽음을 경험하는 것이 기도입니다. 로마서 8장 24~25절에서 참음으로 기다리라고 하십니다. 참음으로 기다리는 시간은 성령께서 말할 수 없는 탄식으로 성도를 위하여 간구하는 시간입니다. 재정은 반드시 하나님의 뜻으로 펼쳐져야 합니다. 건강도 하나님의 뜻으로 펼쳐져야 합니다. 여러분 삶의 목표, 꿈과 비전도 반드시 하나님의 뜻으로 펼쳐져야 합니다. 주님 앞에서 죽음을 경험하셔야 합니다. 기도하면서 반드시 경험해야 합니다. 스마트폰이 번제단에서 죽어야 합니다. 욕구가 죽어야 합니다. 그때 성령께서 친히 기도하게 하셔서 나의 힘이신 여호와를 실제 경험하게 하십니다.

롬 8:27-30

27 마음을 살피시는 이가 성령의 생각을 아시나니 이는 성령이 하나님의 뜻대로 성도를 위하여 간구하심이니라
28 우리가 알거니와 하나님을 사랑하는 자 곧 그의 뜻대로 부르심을 입은 자들에게는 모든 것이 합력하여 선을 이루느니라
29 하나님이 미리 아신 자들을 또한 그 아들의 형상을 본받게 하기 위하여 미리 정하셨으니 이는 그로 많은 형제 중에서 맏아들이 되게 하려 하심이니라
30 또 미리 정하신 그들을 또한 부르시고 부르신 그들을 또한 의롭다 하시고 의롭다 하신 그들을 또한 영화롭게 하셨느니라

20. 하나님을 사랑하는 자

마음을 살피시는 이가 성령의 생각을 아시나니 이는 성령이 하나님의 뜻대로 성도를 위하여 간구하심이니라 (로마서 8:27)

하나님을 사랑하는 자가 어떤 사람인지, 하나님을 사랑하는 자에게 임하는 복, '모든 것이 합력하여 선을 이룬다는 것'이 무엇인지 선명하게 볼 것입니다. 주님의 마음을 잘 읽고 우리 믿음의 위치가 깨달아지기를 축복합니다.

성령께서 우리를 도우십니다. 그 도우시는 손길을 경험해야 합니다. 그러나 우리 모두를 도우시는 것은 아닙니다. 성도 된 우리를 도우십니다. 성도란 구별된 사람입니다. 구별은 곧 거룩함입니다. 마음이 주님께 달라붙어 있는 사람이 구별된 사람입니다. 마음에 달라붙어 있는 것은 결국 우리 살이 됩니다. 돈에 마음이 달라붙어 있으면 돈이 살이 됩니다. 성도란, 하나님께 마음이 달라붙어 있는 사람입니다. 성령께서는 그런 사람을 도우십니다.

돈 문제 생기면 그 문제 풀리게 해달라고 기도하게 되지요? 아닙니다. 주님이 목적 되어야 합니다. 오해하지 말고 들으십시오. 성전을 새로 건축하는데 많게는 28억 원이 들어갑니다. 우리가 실제로 헌금하는 내용을 보면 부담이 생기지 않을까요? 부담이 되니까, 교회의 모든 힘을 성전 건축에 쏟자고 해야 할까요? 저는 그럴 수 없습니다. 제 목표가 성전 건축이 될 수 없습니다. 제 목표는 예수 그리스도이십니다. 성전 건축 과정이 아무리 힘들어도 저는 주님께 주목합니다. 문제가 있을 때 문제를 기도하는 것이 아닙니다. 문제가 생길 때 주님 자체를 구하는 것입니다. 그때 합력해 선을 이룬다는 말씀을 깨닫습니다.

> 우리가 알거니와 하나님을 사랑하는 자 곧 그의 뜻대로 부르심을 입은 자들에게는 모든 것이 합력하여 선을 이루느니라 (로마서 8:28)

우리가 알거니와, 할 때 이 '알거니와'는 헬라어로 지식으로 아는 '에이도'가 아니라 관계적으로 아는 '기노스코'입니다. 여러분, 하나님을 사랑하는 것이 쉽습니까? 노력하고 다짐하고 기를 써도 잘 안 됩니다. 하나님을 사랑하는 자에게 모든 것이 합력해 선을 이룬다고 하셨는데, 그 전제조건인 하나님을 사랑하는 것은 아주 어렵습니다. 그러나 자녀와 돈은 우리가 특별히 노력하지 않아도 마음에 쏙 들어와 있습니다. 하나님은 사랑하려고 노력해도 잘 안 됩니다. 그래서 구원받아야 합니다. 우리가 구원받기 전에는 하나님을 절대 사랑할 수 없습니다. 구원받아야만 하나님을 사랑할 수 있습니다. 그래서 안타까운 마음과 애통하는 마음이 생깁니다. '하나님, 자녀가 마음에 너무 가득해서, 온통 마음을 다 쓰게 만들고, 돈을 사랑하려는 마음 품지도 않았는데 이미 쏙 들어와 있고, 하나님은 왜 그렇게 사랑하기가 어렵습니까?!' 구원받아야만 하나님을 사랑할 수 있습니다.

고3 자녀가 있습니다. 이웃에도 고3 자녀가 있습니다. 옆집 아이가 서울대 법대 갈 수 있는 점수를 받았고 내 자녀는 변변한 대학 가기도 어려운 점수를 받았습니다. 그럼 옆집 아이가 서울대 가는 것을 기뻐하실 수 있습니까? 기쁜 척할 수는 있겠지요. 그러나 부러움과 기쁨은 공존하지 않습니다. 부러움을 느낀다는 것은 이미 기뻐할 수 없다는 이야기입니다. 그럼 서울대 법대 가는 자녀를 둔 부모 마음은요? 아주 많이 기쁩니다. 사랑하니까 그렇습니다. 여러분도 하나님을 사랑하면 하나님을 기뻐하게 됩니다.

마음에 재정이 차 있으니 재정이 채워질 때 기뻐합니다. 연말에 특별보너스를 받으면 기뻐하는 것이 당연합니다. 그런데 하나님은요? 당연하지 않습니다. 내 마음에 하나님이 없기 때문입니다. 무엇을 기뻐하려면 그것이 먼저 마음에 있어야 합니다. 자녀가 마음에 채워져 있다면 자녀로 기뻐합니다. 자녀가 큰지 하나님이 큰지, 실제로 마음을 보십시오.

은퇴하신 박보영 목사님 이야기입니다. 설날에 아버지에게 세배를 드리고 난 뒤에 성전에 가서 하나님 아버지께는 스무 번 세배를 드렸다고 합니다. 그 마음을 이야기하는 것입니다. 육신의 아버지에게 세배를 드렸는데, 하나님 아버지가 더 좋았다는 것입니다. "하나님, 제가 우리 아버지에게 세배를 드렸는데, 하나님 아버지께는 스무 번 세배 드릴게요, 하나님, 저 하나님 사랑해요~" 저는 이런 말이 더 기쁩니다. 믿음은 실제입니다. 저는 할 겁니다. 예배당에 제 아버지 계신데, 아버지에게 다섯 번 세배 드리고, 하나님 아버지에게는 쉰 번 세배 드릴 겁니다. "주님, 사랑합니다! 하나님께 쉰 번 세배 드리는 만큼 하나님을 사랑하고 싶습니다. 꼭 그렇게 주님 사랑하기를 원합니다!"

성령님과 친하셔야 합니다. 친하지 않고서는 성령의 음성을 들을 수 없습니다. 친하면 하나님과 많이 이야기합니다. 말을 많이 겁니다. 많이 물어봅니다. 제 넥타이도 성령님께서 골라주셨습니다.

맛있는 식당에 가면, 성령님은 몇 그릇 드셨습니까, 하고 묻습니다. 비정상적으로 보이십니까? 저는 그게 정상으로 보입니다. 친하면 그렇습니다. 사랑하면 그렇습니다. 신비적인 것을 말씀드리는 게 아닙니다. 친해야만 하나님의 마음을 볼 수 있습니다. 친해야만 성령의 감동이 진짜인지 아닌지 압니다. 하나님과 친하지 않은 것 같은데, 하나님께서 이런 음성을 주셨다고 말하는 사람도 있습니다. 그분이 실제로 하나님과 친하지 않다면, 그분이 하는 그 말은 여러분을 100% 멸망의 길로 이끌어갑니다.

하나님을 사랑하는 자에게는 모든 것이 합력하여 선을 이룬다고 하셨습니다. 귀신같은 신앙과 이제 작별해야 합니다. 하나님과 친한 것과 귀신같은 신앙을 구별해야 합니다. 성령의 권능을 받는 분들은 반드시 훈련받아야 합니다. 하나님께서는 우리 교회에 그런 성도들을 주신다고 하셨습니다. 꼭 훈련받아야 합니다. 모든 것이 합력하여 선을 이룬다는 말씀을 제대로 알아야 합니다.

수억 달러 계약을 하기 위해 부산에 급하게 내려가야 합니다. 비행기도 없고 자가용도 안 되어서 KTX를 타고 가야 합니다. 그런데 몇 분 차이로 기차를 놓쳤습니다. 그런데 그 기차가 내려가다가 사고가 났습니다. 그때 하나님께서 나를 구하시려고, 합력하여 선을 이루게 하셨구나! 하는 그런 뜻의 말씀이 아닙니다. 그것이 합력하여 선을 이루는 게 아닙니다.

엉망진창으로 시험을 봐서, 안 좋은 대학에 갔는데 그곳에서 하나님을 만났어요! 이런 것이 합력해 선을 이루는 것이 아닙니다. 바빠서 주식을 못 팔았는데 어느 날 보니까 3천 배나 올랐습니다! 이런 것으로 합력해 선을 이룬다고 말하면 안 됩니다.

> 29 하나님이 미리 아신 자들을 또한 그 아들의 형상을 본받게 하기 위하여 미리 정하셨으니 이는 그로 많은 형제 중에서 맏아들이 되게 하려 하심이니라 30 또 미리 정하신 그들을 또한 부르시고 부르신 그들을 또한 의롭다 하시고 의롭다 하신 그들을 또한 영화롭게 하셨느니라 (로마서 8:29-30)

하나님께서 미리 아신 자들을, 미리 정하셨고, 부르시고, 의롭다 하시고, 영화롭게 하셨습니다.

미리 아신 것은 '예지'입니다. 미리 정하신 것은 '예정'입니다. 부르시는 것은 '소명'입니다. 의롭다 하심은 '칭의'입니다. 그리고 '영화'롭게 하십니다. 이것이 구원의 5단계입니다. 미리 아시고, 정하시고, 부르시는 까닭은 하나님의 아들인 예수 그리스도의 형상을 본받게 하기 위해서입니다. 모든 것이 합력하여 선을 이룬다는 것은 그 아들의 형상을 본받게 하기 위해서입니다.

예수님이 맏아들 되어서 하나님 아버지의 뜻을 따라갑니다. 수

많은 사람들이 몰려들어 '왕 되어 달라, 로마제국 압제로부터 해방시켜 달라, 자유와 고침을 달라'고 하였을 때 예수님은 백성들의 뜻을 뿌리치고 아버지 하나님의 뜻을 따라갑니다. 아버지의 뜻을 따라 십자가로 가 죽으시고, 부활하시고, 승천하십니다. 하나님께서는 하나님 아버지를 따라가는 예수님의 동선과 형상을 우리가 본받게 하기 위해 모든 것이 합력하여 선을 이루게 하십니다. 돈 문제를 해결하시기 위해서 합력하여 선을 이루게 하시는 것이 아닙니다.

은혜에 대한 오해가 있습니다. 의롭다 함을 받는 '칭의'까지 구원이라고 생각하시면 안 됩니다. 의롭다 함을 받은 이유는, 은혜로 말미암아 우리 죄를 덮고 가려주시기 때문입니다. 예수님 가슴팍에 있는 우리 이름을 보시고 우리 죄를 가려주신 것입니다.

죄가 한 번 들어오면 여러분은 죄에 끌려갑니다. 회개하기 전에는 죄의 종 노릇을 하며 삽니다. 성적인 것이든, 돈이든, 관계든, 아니면 어떤 미움과 같은 감정이든, 계속 그것에 마음이 쓰입니다. 신경만 쓰이나요? 의지도 가고, 몸도 가고, 실제로 실행하기까지 합니다. 그것이 죄의 종 노릇한다는 의미입니다. 그런데 은혜가 들어오면, 죄의 종 노릇하는 것이 끊깁니다.

구원받았다는 것은 죄에서 건져냄을 받은 것입니다. 그럼 그 죄의 내용은 무엇입니까? 예수님이 아닌 다른 것, 세상에 마음을 두는 것이 죄입니다. 구원받았다면 세상에 마음을 두고 세상에 마음을 쓰면서 살 수는 없습니다. 십자가를 통해 돈에 대한 마음, 자녀에 대한 열심, 성공에 대한 욕구, 사람들의 인정과 평가에 대한 욕구가 죽어야 합니다. 예수님을 만나면 그런 욕구들에서 벗어나게 됩니다. 그것으로부터 건져냄을 받습니다. 예수님만이 돈에서 자유롭게 만들고, 돈에서 건져냄을 받게 하실 수 있습니다. 그것이 구원입니다. 그냥 뭉뚱그려서 죄에서 구원받았다고 생각하시면 안 됩니다. 죄의 구체적인 내용을 보셔야 합니다. 예수님 아닌 다른 것에 마음이 가 있는 나를 보셔야 합니다. 그래야 돌이킬 수 있기 때문입니다.

죄의 종 노릇하는 사람은 자아를 실현하려고 합니다. 스스로 주인 되려고 합니다. 그래서 말씀을 그대로 듣지 않습니다. 은혜가 임해야 주인이 바뀝니다. 자아가 왕 노릇하는 사람은 경쟁해야 합니다. 불안하니까, 힘드니까, 두려우니까, 채워야 합니다. 그래서 세상의 무엇이 있어야 됩니다. 세상을 이끌어가는 힘이 필요하고, 세상의 가치를 추구합니다. 자리가 좀 더 좋아야 하고, 인맥이나 학위나 돈이 있어야 한다고 여깁니다.

죽기 전까지 어떤 한 분야에서 열정을 다 바치면 무조건 위인이라고 높이는 말에 속지 않기를 축복합니다. 멋진 것이 아닙니다. 자아가 왕 노릇한 것일 수 있습니다. 은혜가 덮여야 그것이 끝납니다. 죄가 덮이고 주인이 바뀝니다. 이 세상을 이끌어가는 힘을 지양하고 내 가치가 바뀝니다. 그것이 구원입니다. 그렇게 구원받은 사람은 하나님을 향해 달려갑니다. 그것이 '영화'입니다. '칭의'까지가 구원이 아니라 '영화'까지 있어야 구원입니다.

우리는 열매를 그토록 구하고 살았습니다. 그러나 열매는 축복의 개념이 아닙니다. 열매는 구원의 개념입니다. 우리를 영화로운 단계에 이르게 하기 위해 모든 것이 합력하여 선을 이루게 하시는 하나님의 의지가 담겨 있습니다.

제가 피정 갈 때 책 몇 권은 꼭 가져갑니다. 이번 겨울에는 허운석 선교사님의 《내가 왕바리새인입니다》, 《그리스도만 남을 때까지》라는 책과 그분의 부군 되시는 김철기 선교사님의 《가슴 찢는 회개》라는 책을 가져갔습니다. 《그리스도만 남을 때까지》라는 책을 보며 합력하여 선을 이루게 하시는 하나님을 확증하게 됐습니다. 모든 사건, 모든 환경, 모든 사람을 통해 말씀하시는 하나님이십니다. 아마존의 성자 같은 김철기 선교사님이 한국에 와서 설교하면 선교비가 끊긴다고 합니다. 아마존 선교 이야기만 하면 되는데, 전도하라고, 생명을 살려야 한다고 강력하게 이야기하니까 선교비가 끊겼답니다.

아마존은 사람 살 곳이 아니라고 합니다. 습도가 80에서 90, 온도는 40에서 50도, 거기에 독충까지 사는 곳. 아마존은 사람 사는 곳이 아니라 지구의 허파와 같은 곳으로 지음 받았습니다. 독충에 물리는 그 고통은 이루 말할 수 없다고 합니다. 독충도 사실 그곳을 인간으로부터 보호하는 역할을 했습니다. 그런데 인간이 그 아마존을 기계로 밀어버리고 있습니다.

허운석 선교사님이 아마존에서 폐암이 걸렸습니다. 폐암에 걸린 뒤 주위의 시선은 어떻게 바뀌었을까요? '복은 주지 못할망정 암은 주지 말아야지' 하면서 많은 사람들이 선교사님을 떠나갔다고 합니다. 선교사님은 하루에 진통제 30알씩 먹고 설교했다고 합니다. 온몸에 암이 퍼질 때는 면도칼로 살을 에는 것 같은 고통이 엄습한다고 합니다. 힘들고 곤고해도, 저주 받았다고 생각하는 사람들의 시선이 느껴질 때도 잘 참았다고 합니다. 잘 참으니까 자신이 하나님의 사람인 줄 알았다고 합니다. 그러나 독충에 찔리고, 폐암과 싸우다 문득 깨달았다고 합니다. 정말 힘들고, 정말 아프니까, 자신의 깊은 곳에 내재되어 있던 원망과 불평을 보게 된 것입니다. 자신의 죄성을 깨닫고, 그 죄성마저 깨뜨리시기를 원하시는 하나님의 사랑을 본 것입니다. 믿음은 그것입니다. 자신의 독한 면을 보고, 그놈을 잡아 십자가에서 죽이는 것입니다. 그것이 합력하여 선을 이루시고 우리를 영화롭게 하시는 하나님의 깊은 사랑입니다.

만나는 그 사람을 통해, 일어나는 그 사건을 통해 내 속에서 일어나는 못된 성질을 잡아내는 것이 회개입니다. 나에겐 잘못이 없고 흠이 없는 줄 알았는데, 돈만 보면 불안해 하고, 어떤 관계에서나 어떤 형국에서 드러나고 마는 성질! 알고 보니 그것이 은혜입니다. 그때가 은혜의 때입니다. 그것을 잡아내 주님 앞에 돌이킬 수 있기 때문입니다. "이 사람만은 어려워서 힘들어요, 이 상황만큼은 힘들어요!" 그때 올라오는 억울함과 화와 분노를 바꾸시려는 하나님의 사랑! 그 하나님을 경험하면 수용력이 커지고 돌이킴이 쉬워지고 마음이 가벼워집니다. 우리를 향한 주님의 손길을 기대하기가 더 쉬워집니다. 속사람이 바뀌기를 원하시는 하나님의 마음이 교회된 우리에게 가득 밀려오기를 예수님의 이름으로 축복합니다.

예, 주님!
제가 순종의 전문가입니다!

글쓴이	이선세
펴낸이	이선세
편 집	김동민
디자인	이현정
펴낸곳	토브원형출판사
발행일	2019.08.27
등록번호	제2019-000134호
주 소	경기도 고양시 일산동구 고봉로 531번길 66-25
전 화	031-975-0790
카 페	http://cafe.daum.net/lookverygood
ISBN	979-11-967916-0-5
가 격	13,000원

ⓒ 이선세, 2019

* 이 책은 토브원형출판이 저작권자와의 계약에 따라 발행한 것이므로
  본사의 허락 없이는 어떠한 형태나 수단으로도 이 책의 내용을 이용하지 못합니다.
* 잘못된 책은 바꿔드립니다.